# DO PENSAMENTO CLÍNICO AO PARADIGMA CONTEMPORÂNEO

*Diálogos*

André Green

Fernando Urribarri

Tradução
Paulo Sérgio de Souza Jr.

Prefácio
Cláudio L. Eizirik

Do pensamento clínico ao paradigma contemporâneo: diálogos
Título original: *Dialoguer avec André Green: la psychanalyse contemporaine, chemin faisant*
© 2013 by Les Éditions d'Ithaque, Paris, France
© 2019 Fernando Urribarri e André Green
Editora Edgard Blücher Ltda.

1ª reimpressão – 2019

Imagem da capa: iStockphoto

SÉRIE PSICANÁLISE CONTEMPORÂNEA
*Coordenador da série* Flávio Ferraz
*Publisher* Edgard Blücher
*Editor* Eduardo Blücher
*Coordenação editorial* Bonie Santos
*Produção editorial* Isabel Silva, Luana Negraes e Mariana Correia Santos
*Preparação de texto* Sonia Augusto
*Diagramação* Negrito Produção Editorial
*Revisão de texto* Juliana Waetge
*Capa* Leandro Cunha

# Blucher

Rua Pedroso Alvarenga, 1245, 4º andar
04531-934 – São Paulo – SP – Brasil
Tel.: 55 11 3078-5366
contato@blucher.com.br
www.blucher.com.br

Segundo o Novo Acordo Ortográfico, conforme
5. ed. do *Vocabulário Ortográfico da Língua Portuguesa*, Academia Brasileira de Letras, março de 2009.

É proibida a reprodução total ou parcial por quaisquer meios sem autorização escrita da editora.

Todos os direitos reservados pela Editora Edgard Blücher Ltda.

Dados Internacionais de Catalogação na Publicação (CIP)
Angélica Ilacqua CRB-8/7057

Urribarri, Fernando
    Do pensamento clínico ao paradigma contemporâneo : diálogos / Fernando Urribarri, André Green ; tradução de Paulo Sérgio de Souza Jr. – São Paulo : Blucher, 2019.
    200 p.

Bibliografia
Título original: *Dialoguer avec André Green: la psychanalyse contemporaine, chemin faisant*
ISBN 978-85-212-1340-6 (impresso)
ISBN 978-85-212-1341-3 (e-book)

1. Psicanálise 2. Psicanalistas – Entrevistas I. Título. II. Green, André.

18-0888                               CDD 150.195

Índice para catálogo sistemático:
1. Psicanálise

# Conteúdo

Um discurso sempre vivo     7
*Cláudio L. Eizirik*
Diário de bordo da pesquisa contemporânea     15
*Fernando Urribarri*

1. 1991. Do sujeito da pulsão ao sujeito brincante     21
   O novo campo clínico, nos limites da analisabilidade
2. 1996. Depois de Freud, com Freud     47
   Renovar os fundamentos da metapsicologia
3. 2001. O pensamento clínico     75
   Renovar os fundamentos da técnica
4. 2009. A revolução silenciosa     95
   O que é o contemporâneo em psicanálise?

5. 2009. Carregar a morte em si    105
   A mãe morta e as questões da destrutividade
6. 2011. A psicanálise contemporânea, a caminho    129
   1960-2011: rumo a um novo paradigma

Anexo I – 1999    165
   Carta aberta de André Green à revista *Zona Erógena*
Anexo II – 2012    171
   O legado de André Green: rememorar, elaborar, assumir

Bibliografia    177
Índice onomástico    185
Índice de conceitos    189

# Um discurso sempre vivo

*Cláudio L. Eizirik*

Há várias maneiras de se conhecer a obra de um autor: lendo seus livros e trabalhos, escutando suas conferências, participando de suas supervisões ou conversando com ele sobre suas ideias. A maioria dos autores psicanalíticos só podem ser encontrados por meio de métodos tradicionais, o que nos permite um razoável contato com seu pensamento; porém, nos deixa com muitas dúvidas e questões que só poderiam ser melhor esclarecidas por meio do diálogo. Essa pode ser uma das razões pelas quais tantas versões ou diferentes interpretações de conceitos ou do trabalho de nossos principais autores produzam, com frequência, controvérsias aparentemente inconciliáveis.

Devemos à parceria de 20 anos entre André Green e Fernando Urribarri a extraordinária oportunidade de ter um contato vivo, direto e participativo com a formidável obra daquele que foi o mais importante autor psicanalítico contemporâneo.

Muito tem sido escrito sobre a obra e a presença de André Green desde seu falecimento, em janeiro de 2012. Diferentes homenagens foram prestadas a ele, em todas as latitudes do mundo psicanalítico, e como participei de várias delas, tanto na América Latina como em Paris, pude testemunhar o reconhecimento da comunidade psicanalítica ao robusto edifício teórico, clínico e de pensador da cultura que Green nos legou. Uma das entrevistas que faz parte deste livro (cap. 6) foi mostrada em algumas dessas homenagens e permitiu aos colegas que estavam presentes mais um contato visual e auditivo com André Green, bem como escutar as experiências de convívio e de estudo que Fernando Urribarri e outros psicanalistas tiveram com ele. Dentre diferentes encontros, dois me chamaram a atenção: o realizado em São Paulo, durante o congresso da Federação Brasileira de Psicanálise (FEBRAPSI), em outubro de 2012, e o realizado em Paris, em novembro de 2012, organizado pela Sociedade Psicanalítica de Paris. A enorme quantidade de pessoas presentes, a escuta atenta e respeitosa e o desejo de participar do que foi, na verdade, uma celebração do trabalho criativo de André Green, não podiam deixar de emocionar todos os presentes.

Neste contexto, em que ainda tentamos nos acostumar com ausência e o silêncio dessa voz poderosa no mundo psicanalítico e no mundo da cultura, observamos, com satisfação, que a obra de André Green não se esgotou e que ele nos deixou vários livros que testemunham sua preocupação e seu cuidado com a psicanálise, à qual dedicou toda a sua capacidade de trabalho e de engajamento.

É dentro desse cenário que se situa o presente livro.

Gostaria de destacar alguns aspectos que tornam este livro um documento indispensável e ao mesmo tempo uma leitura obrigatória, não só para os que se interessam pela obra de Green, mas para os analistas que, como nosso autor, se sentem engajados com o desenvolvimento da psicanálise e com sua evolução, se tornando, assim, cada vez mais capazes de entender os casos de nossos dias – não neuróticos como no tempo de Freud – e de entender que essa nova teorização criativa de Green nos permite simpatizar com sua natureza limite, tanto quanto com a cultura de nossos dias, em suas múltiplas expressões.

O livro é fruto de diálogo, e sua associação socrática é imediata; mas não se trata de um diálogo entre desiguais, por exemplo, entre um mestre e um discípulo. O profundo conhecimento de Urribarri sobre a obra de Green lhe permite, em muitos momentos, conduzir o diálogo, formular questões relevantes, fazer associações com outros temas e, em muitos momentos, oferecer sua própria síntese sobre a evolução do pensamento de Green, que num determinado momento (*infra*, p. 108) lhe diz: "eu mesmo não poderia fazer um apanhado tão preciso da evolução de minhas ideias como acabas de fazer".

Um segundo aspecto diz respeito às diferentes culturas das quais ambos procedem, e aqui me parece que a condição de latino-americano confere a Urribarri, além de seu próprio talento, uma capacidade de escuta, de compreensão e de síntese que tem muito a ver com os grandes desenvolvimentos teóricos e clínicos dessa região, como sua capacidade de conviver com a tradição e a invenção e de integrar e tornar próprios os conceitos produzidos em outras latitudes. Soma-se a isso o reconhecimento expresso de Green ao que foi desenvolvido na região e ao trabalho dos Baranger, de Bleger e de Racker (cf. Anexo I), por exemplo. Por fim, para entender porque a conversação flui com tanta naturalidade, soma-se mais uma evidente empatia e cumplicidade que se desenvolveu entre os dois personagens deste diálogo.

Um terceiro fator me parece estar no espaço coberto por estas entrevistas: os vinte anos do último período de produção teórica e clínica de Green, o que me faz lembrar o que Edward Said descreve como o estilo tardio dos grandes autores, em que, antes do silêncio irremediável, uma notável criatividade e uma maior liberdade para explorar novas avenidas desmente o que muitas vezes se pensa ser um declínio inevitável. Como Cyrano de Bergerac ilustra em sua cena final, André Green lutou até o fim de sua vida, sem concessões nem acomodações, por seu projeto de uma psicanálise contemporânea que esteja de acordo com a nossa realidade e o nosso Zeitgeist. Nesse sentido, podemos ver aqui, em vários momentos, o anúncio dos livros que estava escrevendo e sua abordagem dos grandes temas sobre os quais refletiu. Mas como se trata de uma conversação, ela escapa da natureza formal de um livro, e encontramos não só o autor, mas também o ser humano complexo, contraditório, e profundamente empenhado na busca da verdade. Para mim, por várias razões, um dos momentos mais comoventes das entrevistas é quando Green faz uma autocrítica de sua relação com os filhos e descreve como é sua experiência como avô (*infra*, p. 119) para destacar como é necessário e, ao mesmo tempo, difícil para os analistas integrar o que acontece na vida cotidiana dos pacientes, em sua vida real, ao processo analítico.

Uma das entrevistas, a qual já mencionei, é a transcrição de uma longa conversa gravada em vídeo por Urribarri, em que acompanhamos Green refletir sobre sua obra e suas várias evoluções em seu consultório na Avenue de l'Observatoire. Aqui, vemos nosso autor já com as marcas implacáveis do passar do tempo, com a voz já não tão poderosa como tantas vezes tive a oportunidade e o prazer de escutar, mas com a mente tão atenta, afiada e perspicaz de sempre.

Uma certa impaciência que às vezes Green demonstrava em suas apresentações de trabalhos e supervisões, ou contrariedade diante de certas questões ou perguntas, não aparece neste conjunto de entrevistas, a não ser, por exemplo, quando se refere à atitude de quase todos os analistas em relação à pulsão de morte. Nesse ponto, critica inclusive Winnicott, que me dá a impressão de ser, depois de Freud, e mais que o próprio Bion ou Lacan, aquele que mais o influenciou. Green enfatiza aqui como a radicalidade da noção de pulsão de morte foi continuamente negligenciada, e como essa noção é um elemento central da segunda tópica. Para mim, tanto nestas entrevistas como nos últimos livros, é justamente o fato de ter levado a sério a posição de Freud sobre a pulsão de morte que proporcionou a Green grande parte da fertilidade de seu período tardio de produção teórica e de exploração clínica, por exemplo, nos livros sobre a pulsão de morte e as ilusões e desilusões do trabalho analítico.Quando comenta sua relação com Althusser e procura entender seu trágico fim de vida, ou quando fala sobre as condições da patologia e da análise de Marilyn Monroe com Greenson (*infra*, p. 128), vemos como Green pensava ser necessário ao analista ter uma capacidade de manter-se dentro do método, mas, ao mesmo tempo, de criar, inventar, descobrir algo que pudesse fazer sentido ou ajudar os pacientes-limite. Embora ele reconheça ter conseguido fazer isso em muitos casos e, assim, ter salvo algumas vidas, reconhece o fracasso em outros, inacessíveis ao método ou a essa relação analítica. Essa franqueza e posição ao mesmo tempo humilde e realista constituem um exemplo e um consolo, tanto aos que idealizam a psicanálise quanto aos que não têm a coragem de reconhecer seus alcances e limitações.

Mas por que a impaciência de Green não aparece aqui? Minha hipótese é de que nesses encontros Green se depara com um interlocutor que buscava entender seu pensamento; com outro ao mesmo tempo empático e crítico, capaz de acompanhar a evolução de seu pensamento, mas, ao mesmo tempo, assinalar as dúvidas que seu pensamento suscitava e os pontos pouco claros – que só foram desenvolvidos com o tempo. Em suma, não me parece que se trate só da evidente afeição recíproca, mas do respeito e da admiração de Green por um colega mais jovem com quem foi capaz de desenvolver um diálogo criativo e fecundo.

Nos limites deste espaço, é impossível discutir detalhes, e tampouco gostaria de tirar dos leitores o prazer de acompanhar e participar destes diálogos. Apenas como aperitivo, destacarei que, ao longo dos diálogos, fica mais claro por que o específico da psicanálise é a articulação entre o intrapsíquico e o intersubjetivo; em que consiste o pensamento clínico de Green; o que se pode entender por "síndrome da desertificação mental"; o que significa o "enquadre interno do analista"; a relevância do afeto e as razões pelas quais esse conceito levou à sua ruptura com Lacan e por que o afeto é uma testemunha totalmente privilegiada da relação com a pulsão e com a história do sujeito; por que o enquadre é um "analisador da analisabilidade"; qual a natureza da loucura privada e sua diferença da psicose; como se processa transformação do delírio em jogo e da morte em ausência; quais são as relações entre o sonho e o ato; em que consiste o negativo radical; o que é a "reivindicação da inocência"; e, afinal, o que se pode entender pela aparentemente enigmática proposição de um "negativo do negativo".

Mas essas são apenas pálidas amostras do rico conteúdo deste livro, em que mais uma vez encontramos, tão ao gosto de Green, um legítimo discurso vivo.

Tendo terminado a leitura, a qual recomendo vivamente, fiquei com sentimentos mistos: saudades de André Green, gratidão a ele e a Fernando Urribarri por nos permitirem participar desses encontros, admiração por sua criatividade quase interminável e uma sucessão de lembranças dos momentos em que desfrutei da leitura de seus livros, de conversas em diferentes locais, de escutar suas inspiradas conferências e supervisões e do emocionante momento em que, em nome da Associação Psicanalítica Internacional, entreguei-lhe o prêmio máximo da instituição durante o Congresso Psicanalítico de Berlim, em julho de 2007.

Mais uma vez, e na forma destas conversações abertas, francas, esclarecedoras e com lugar para imprevistos, reminiscências e uma inteligente e inspirada troca de ideias, temos a evidência do porquê a comunidade psicanalítica internacional reconhece André Green como um dos pilares centrais da construção de um modelo teórico-clínico especificamente contemporâneo do funcionamento mental.

C. L. E.

*Porto Alegre, janeiro de 2013*

# Diário de bordo da pesquisa contemporânea

*Fernando Urribarri*

Isto é um livro de pesquisas. As entrevistas que ele reúne apresentam as investigações de André Green no decorrer dos seus vinte últimos anos de vida. Elas retraçam, de 1991 a 2011, a evolução de um pensamento, o desenvolvimento de um modelo teórico e clínico original e o projeto de uma psicanálise nova, contemporânea, que os animaram. Por tabela, expressam também minhas próprias pesquisas sobre a obra de Green; sobre a forma como ela poderia ser lida, trabalhada e, eventualmente, continuada.

A ideia desta coletânea nasceu em maio de 2011, quando, retornando a alguns de seus textos com vistas a uma série de volumes temáticos que deviam ser publicados em seguida[1], percebemos que também dispúnhamos de um grande número de conversas gravadas. Elas refletiam de modo notável o percurso intelectual de André Green, dando acesso a essa dinâmica singular do pensamento que ele chama de "processo teórico" (em analogia com o processo analítico). E é por essa razão que estas conversas podem,

---

1 Cf. Green (2011a, 2012, 2013).

hoje, ser lidas como uma espécie de "diário de bordo" da pesquisa greeniana: elas propõem um panorama do pensamento do autor de *O trabalho do negativo*, colocam em perspectiva e esboçam uma ordenação de sua vasta e arborescente obra. Cada um destes seis diálogos nos permite abordar uma etapa importante do itinerário de nosso autor. Em seu conjunto, retraçam a gênese e o devir de suas "ideias diretrizes", e reconstroem um processo de investigação em que cada fase anuncia a seguinte e a possibilita. Resumamos, então, seus temas particulares, bem como os momentos específicos do itinerário de Green que eles representam.

"Do sujeito da pulsão ao sujeito brincante. O novo campo clínico, nos limites da analisabilidade" (1991) enfatiza as transformações da prática analítica com a mutação histórica implicada pela predominância dos casos-limites, que vêm destituir a neurose como caso paradigmático da psicanálise. O autor de *A loucura privada* – então recentemente publicada (1990) – postula a especificidade do funcionamento-limite, que ele propõe definir tomando como base os próprios limites da analisabilidade. Define, assim, a existência de um novo campo clínico contemporâneo e faz dele o objeto de sua pesquisa. Suas reflexões situam-se numa perspectiva epistemológica, interrogando a relação entre os modelos teóricos (implícitos) e a prática clínica.

"Depois de Freud, com Freud. Renovar os fundamentos da metapsicologia" (1996) apresenta o modelo teórico original de Green, no qual a base freudiana encontra-se sintetizada com as contribuições dos "seus" autores pós-freudianos (Lacan, Winnicott, Bion), à luz dos desafios da experiência atual. Seu eixo principal é a articulação entre intrapsíquico e intersubjetivo, segundo uma "lógica de heterogeneidade" sustentada por um conjunto de noções que lhe são próprias (par pulsão-objeto, funções objetalizante e desobjetalizante, trabalho do negativo, estrutura enquadrante, processos terciários etc.).

"O pensamento clínico. Renovar os fundamentos da técnica" (2001) manifesta o esforço para reconfigurar a teoria da clínica e, conforme o novo campo clínico estendido, colocar o método analítico em dia. Se os modelos freudiano e pós-freudiano organizam-se respectivamente em torno das noções de "atenção flutuante" e "contratransferência", a psicanálise contemporânea os integra na noção de "pensamento clínico", amparada no "enquadramento interno do analista". O "trabalho psíquico do analista" constitui um eixo conceitual que permite repensar a técnica, da escuta à interpretação.

As duas entrevistas seguintes[2] refletem as duas vertentes daquilo que propus chamar de "virada do ano 2000" no itinerário de André Green[3]: de um lado, o lançamento do projeto (coletivo) da psicanálise contemporânea; de outro, o aprofundamento da pesquisa (pessoal) acerca da destrutividade.

"A revolução silenciosa. O que é o contemporâneo em psicanálise?" (2009) frisa que o "contemporâneo" tornou-se uma *ideia diretriz* do projeto revolucionário de um novo paradigma capaz de responder à crise da psicanálise. Trata-se de um programa de

---

2   O intervalo entre a entrevista de 2001 e as duas seguintes é mais longo que a média das outras. Entre 2001 e 2009, meu trabalho com André Green se deu, todavia, em torno de diferentes projetos coletivos, alguns dos quais desembocando em publicações: o Colóquio de Cerisy de 2004, que coorganizei com François Richard [Richard & Urribarri (orgs.), 2004]; o colóquio aberto da Sociedade Psicanalítica de Paris (SPP), organizado por Green [Green (org.), 2006]; a obra coletiva *Les voies nouvelles de la thérapeutique psychanalytique* [Green (org.), 2006]; ou ainda o grupo de pesquisas (de 2001 a 2004) da Associação Psicanalítica Internacional (API) sobre as estruturas não neuróticas [Green (org.), 2007].
3   Cf. Urribarri (2010).

pesquisas que visa construir uma matriz disciplinar freudiana, pluralista e complexa.

"Carregar a morte em si. A mãe morta e as questões da destrutividade nas estruturas não neuróticas" (2009) desdobra a problemática dos fracassos e dos impasses do tratamento, que, a essa altura, está ligada à reconceitualização da pulsão de morte e dos seus destinos. Nessa conversa, Green retorna às suas ideias clássicas sobre a mãe morta e antecipa seu livro[4] sobre as "surpresas desagradáveis" da análise.

"A psicanálise contemporânea, a caminho. 1960-2011: Rumo a um novo paradigma" (2011) é uma edição das duas últimas entrevistas realizadas por André Green, oferecendo uma visão panorâmica de seu vasto percurso. Nela, Green revisita suas principais obras e se pronuncia acerca da maneira como seu trabalho se inscreve no movimento contemporâneo, verdadeira aposta para o futuro da psicanálise.

Além do "conteúdo" destes diálogos, seria igualmente importante não negligenciar seu "continente": o clima de confiança extraordinariamente estimulante e frutífero que constituiu o espaço potencial de nossas reuniões. [Green havia sugerido como título desta coletânea *La pensée dialogique* (O pensamento dialógico)]. É esse estado de espírito de companheirismo psicanalítico que este livro procura compartilhar com seus leitores, na esperança de transmiti-lo a esse espaço (transicional e transversal) de "paixão sublimatória" (Green) que a pesquisa contemporânea exige. Para ilustrá-lo, permitam-me citar estas palavras de André Green, que figuram no Anexo I, ao final deste volume: "Éramos, ao mesmo tempo, muito sérios no trabalho, animados na discussão, calorosos

---

4 Cf. Green (2010).

nos contatos privados, felizes nas caminhadas e apaixonados na defesa da psicanálise".

Por fim, devo agradecer a Ana de Staal[5] por sua contribuição decisiva para a concepção e a realização deste livro.

F. U.

*Buenos Aires, abril de 2013*

---

5  Na edição original deste livro, A. de Staal é responsável pela tradução para o francês do texto que constitui o "Prefácio", escrito em português por C. L. Eizirik. [N.T.]

# 1. Do sujeito da pulsão ao sujeito brincante
## O novo campo clínico, nos limites da analisabilidade[1]

*Buenos Aires, julho de 1991*

F. Urribarri – *Um ano atrás o senhor estava publicando* A loucura privada: psicanálise dos casos-limites.[2] *Como definiria os casos-limites? Em termos mais gerais, o que pensa hoje das suas pesquisas acerca desse tema?*

A. Green – Não tenho certeza, hoje, se posso formular uma definição unívoca dos estados-limites. No que concerne aos meus próprios escritos, considero ter feito algumas contribuições que continuam sendo importantes e que puderam ser verificadas, em seguida, na experiência clínica – a minha, evidentemente, mas também a de outros. É uma validação importante. Quando um analista elabora algo novo, geralmente se apoia em três ou quatro casos que o balançaram em especial e que o impelem a um trabalho de pensamento mais aprofundado. Nós nos prestamos, então,

---

1 Entrevista realizada no dia seguinte a uma conferência de André Green, organizada pela revista *Zona Erógena* (ZE), na Universidade de Buenos Aires. Este texto, que marca o início de nossas entrevistas gravadas, foi publicado em espanhol em *Zona Erógena*, 7, set.-out. de 1991.
2 Green (1990). Cf. também *infra*, p. 107, nota 3.

às teorizações. E elas são necessariamente parciais, mas permitem avançar em relação às teorias herdadas.

O que é um caso-limite? Eu me recordo de uma analisante que havia chegado muito angustiada para a sessão. Ela se perguntava sobre a natureza do nosso trabalho: O que é que queria dizer o fato de que pessoas como eu se ocupam de pessoas como ela? O que estávamos fazendo? Por quê?... Eu podia fazer uma interpretação transferencial da sua pergunta, mas bem sabia que às vezes a interpretação não basta. Com alguns analisantes somos obrigados a fazer com que a interpretação vá acompanhada de uma resposta mais ou menos direta. Para essa paciente eu me recordo de ter dito que o nosso trabalho era com a *verdade*. Ela ficou quieta por um instante, depois respondeu: "É verdade". E sua angústia foi indo embora devagarinho...

F. U. – *Como o senhor encara a relação com a verdade e com o pensamento específico nos casos-limites (em comparação com as estruturas neuróticas)?*

A. G. – Tem razão em frisar a existência de relações específicas com os modos de funcionamento. A neurose funciona sob a primazia do princípio do prazer/desprazer, em torno do conflito entre desejo e defesa, em torno das fixações da libido etc. Encontramos esses mesmos elementos nos casos-limites, mas *recobertos* por conflitos que seguem uma lógica totalmente outra...

F. U. – *Está aludindo ao duplo conflito do Eu (com o Isso e com o objeto), que o senhor expôs no seu modelo do funcionamento-limite, posteriormente conceitualizado no termo "duplo limite"?*[3]

---

3   Cf. Green (1980a).

A. G. – Justamente. O conflito com as pulsões próprias (do sujeito) vem acompanhado do conflito com as pulsões do objeto (do outro). Por isso o objeto tem um peso decisivo nos estados-limites. Foi o que os pós-freudianos nos ensinaram. No entanto, também precisamos "ficar com Freud" para encarar a questão em termos de perda de objeto primário, de distúrbios da constituição do Eu e de narcisismo primário. Observa-se nesses pacientes que a força das fixações libidinais e agressivas sempre implica o narcisismo. As angústias de castração e de penetração vêm, no conflito-limite do Eu com o objeto, acompanhadas de angústias de abandono e de invasão. Os mecanismos de defesa "limites", como a clivagem ou o desinvestimento, mutilam o Eu, o pensamento. Os "brancos" do pensamento e a sensação de vazio são sua expressão clínica.

Dito isso, para retornar à questão do objeto, ainda que se constate o papel central deste nos estados-limites, acredito que não se reconheceu suficientemente a mudança de paradigma que corresponde à passagem da teoria freudiana das pulsões para as teorias pós-freudianas centradas no objeto e nas relações de objeto. No movimento pós-freudiano, o paciente de referência deixa de ser o neurótico; e é preciso se haver, então, com as psicoses (Klein, Bion), com as neuroses de caráter, com as estruturas pré-genitais (Bouvet), com as patologias do falso *self* (Winnicott) etc. É desse campo clínico ampliado que emerge toda a indagação contemporânea sobre os estados-limites. É aqui que a questão da verdade se coloca, pois esses analisantes têm a sensação de haverem sido manipulados e explorados por suas imagos parentais: eles serviram de equilíbrio econômico e narcísico dos objetos primários. Descobre-se então que, neles, o funcionamento mental segue uma lógica bastante diferente da que é seguida pelas estruturas neuróticas, que obedecem à "lógica da esperança" própria ao desejo inconsciente. Nos casos-limites, o analista deve se comprometer com a escuta daquilo que chamo de uma "lógica da desesperança", ou até de uma "lógica da indiferença". São lógicas, se assim podemos nos exprimir, menos organizadas e mais arcaicas do que as lógicas dos processos primários do inconsciente. Elas estão mais impregnadas de moções pulsionais do Isso.

Considera-se que, nos casos-limites, os *distúrbios do pensamento* encontram-se no primeiro plano, mas quase se poderia dizer isso das neuroses. A histérica, diz Freud, sofre de reminiscências; no obsessivo, a sexualização e a onipotência do pensamento são centrais. Todavia, isso sempre remete aos "pensamentos de desejo", à libido e às fantasias eróticas. Nos casos-limites, em contrapartida, o pensamento é totalmente monopolizado pelo trabalho do negativo (quanto a esse ponto, me sinto próximo da ideia do "–C" bioniano). Eis a razão pela qual sustento que o trabalho analítico com as estruturas não neuróticas deve buscar favorecer um funcionamento aparentado ao da neurose. O objetivo é transformar o delírio em brincadeira, a morte em ausência.

F. U. – *Sua teoria do trabalho do negativo desempenha um papel central na conceitualização dos estados-limites – estados nos quais o senhor constata uma "subversão do trabalho do negativo". Poderia comentar essa ideia?*

A. G. – O pensamento do negativo é necessariamente paradoxal. Comparada a outras concepções do inconsciente, a teoria psicanalítica encontra sua originalidade no trabalho do negativo. Ele surge, primeiro, como condição para a vida humana, para a vida social. Pois é preciso justamente conter a "força bruta" – essa força que é o dado de base do psiquismo por conta de sua relação com as pulsões. Por isso, o negativo consiste primeiramente em dizer "não" a certas pulsões.

O *não* é fundamental para se organizar. Ele pode ser "dito" a diversas coisas e opera em diferentes níveis. Um primeiro nível, ligado ao papel das pulsões, corresponde à organização interna. Um segundo nível remete ao plano intersubjetivo, o das relações com os objetos. É preciso dizer "não" para o objeto para poder dizer "sim" para si mesmo, para tornar-se um sujeito. Ora, a subversão do trabalho do negativo, que encontramos nos casos-limites, consiste em dizer não para si mesmo. Mas não é um "não" no sentido do recalcamento ou da renúncia ao objeto incestuoso em resposta à exigência do Supereu. O movimento é mais extremo: ele consiste em negativar o desejo atacando os vínculos com o objeto até lá nos fundamentos do Eros no Eu.

Esses sujeitos podem então utilizar, com fins destrutivos, toda e qualquer variante (da simples negação à forclusão) desse trabalho do negativo – destruição de sua própria estrutura psíquica e de toda forma de evolução em direção a uma tomada de consciência daquilo que são, do seu desejo, do papel de sua história, do papel dos fatores que os constituem... Eis aqui, portanto, o paradoxo do trabalho do negativo: como algo que faz parte do "equipamento humano", por assim dizer, pode voltar-se contra si mesmo? Da mesma forma que a realização alucinatória do desejo vira alucinação negativa.

F. U. – *Essa subversão do trabalho do negativo corresponde ao que o senhor chama de "narcisismo negativo"?*

A. G. – Sim. Pode-se encarar a subversão do negativo sob dois ângulos. Ou do ponto de vista do narcisismo negativo, ou na perspectiva de uma noção que considero complementar e que descrevi como um par: a "função objetalizante" e a "função desobjetalizante".

Ao falar em "função objetalizante", quis mostrar que a estrutura psíquica tem como função não só entrar em relação com os objetos, mas também *criar* novos objetos; e que, em última instância, toda e qualquer coisa pode se transformar em objeto para o sujeito. É uma reformulação mais contemporânea do Eros freudiano. Em contrapartida, podemos dizer que a função desobjetalizante age no sentido contrário ao Eros: ela desinveste e desqualifica o objeto. Esse mecanismo pode ir muito longe. Por exemplo, no fetichismo das peles é a pele que conta, e não a pessoa que a veste: há aí, portanto, uma desqualificação do objeto, da sua complexidade, da sua singularidade, do seu caráter "único e insubstituível" (esses dois adjetivos sendo aqueles utilizados por Freud para designar a mãe aos olhos da criança). Vamos mais longe: pensemos na estrutura psicótica. É justamente nela que vemos o fenômeno da alucinação negativa agindo de maneira tão considerável que pode muito simplesmente fazer com que se negue ao sujeito a existência mesma do objeto. Eis aí dois exemplos da função desobjetalizante.

O narcisismo negativo, impregnado de pulsões de morte, subverte o jogo da vida: "Quanto mais eu perco, mais eu ganho". Quanto mais a pessoa rejeita e destrói aquilo que provém do objeto, mais reforça sua posição. É uma espécie de onipotência negativa. "Posso recusar tudo, rejeitar tudo": as pulsões, o objeto e até minha própria pessoa... Apesar do aspecto um pouco abstrato ou teórico desses desenvolvimentos, eles se esforçam para elucidar certas questões clínicas, como a reação terapêutica negativa.

F. U. – *Relacionar narcisismo negativo e reação terapêutica negativa me evoca a "quarta ferida narcísica", que o senhor havia salientado...*

A. G. – Sim. Eu disse que a reação terapêutica negativa é uma "ferida narcísica" para o analista e para a psicanálise, simultaneamente. Quando se está às voltas com uma reação terapêutica negativa, percebe-se que, se a análise vai bem, se ela está progredindo, o trabalho do negativo se subverte e torna-se mortífero. Com as transferências-limites, atravessam-se mais ou menos habitualmente, de modo cíclico, movimentos negativos muito próximos daquilo que Freud descreveu. São situações em que, aos olhos do paciente, tudo o que o analista faz é nefasto para ele próprio, forçosamente: se o analista se cala, é porque "ele não se interessa por mim"; se fala, é porque "ele está querendo me impor suas ideias"; se aceita uma modificação para facilitar as coisas, é porque "ele deseja me humilhar"... Tudo o que vem do objeto (do analista) é negativado, nada encontra uma significação positiva. Tudo é, direta ou indiretamente, remetido ao interesse malicioso do analista, à sua "vontade de potência".

F. U. – *Parece-me que o senhor sempre atribui uma grande importância às ideias de Winnicott, especialmente quando escreve sobre essas dinâmicas de um ponto de vista clínico, até mesmo "técnico".*

A. G. – É verdade. A referência a Winnicott é, para mim, essencial, tanto do ponto de vista clínico quanto teórico. No que concerne à clínica, citei diversas vezes seu formidável artigo sobre a utilização do objeto.[4] Ele sustenta que o paciente precisa atacar o analista a fim de exprimir e experimentar sua própria destrutividade, mas também para que o analista sobreviva a isso. A questão é saber o que é "sobreviver"... Pois isso não quer dizer "não morrer"! Penso que sobreviver é ser capaz de continuar a investir na relação analítica e, notadamente, continuar a pensar. Sobreviver é poder sustentar o jogo analítico, o diálogo, a abertura potencial para a simbolização. E quando tudo isso estivesse colocado em xeque,

---

4  Cf. Winnicott (1969).

sobreviver seria poder conservar tudo em latência no pensamento do analista.

F. U. – *O senhor escreveu, em 1974, que os limites da analisabilidade são os limites da figurabilidade.*[5] *Daí, em 1987, observou nos casos-limites um distúrbio funcional no nível da representação de coisa, talvez até mesmo uma falha de inscrição da representação de coisa.*[6] *Poderia desenvolver essas ideias?*

A. G. – Os casos-limites sempre colocam uma dificuldade quanto à sua delimitação, quanto à sua definição. Não acredito que uma abordagem psicopatológica – sem excluí-la – seja a mais adaptada. Propus a noção de "limite" tentando introduzir nisso uma elaboração enquanto conceito metapsicológico. O limite não é uma simples linha, é toda uma zona de transformações entre o dentro e o fora, assim como entre as instâncias psíquicas. Não há psiquismo sem limite. Não há sujeito sem limite. Eu insistiria, ainda hoje, no fato de que o conceito de "caso-limite" permanece mal circunscrito. Ele recobre uma multiplicidade polimorfa: algumas neuroses graves podem ser consideradas casos-limites; as patologias psicossomáticas geralmente o são; os transtornos narcísicos e, em grande parte, os quadros depressivos também. Continua sendo preferível – por ser mais produtivo – encará-los clinicamente como *estados nos limites da analisabilidade*.

Quando o senhor falou em "distúrbio funcional", não me reconheci; porém, quando acrescentou a "falha de inscrição", encontrei-me plenamente. No artigo em questão, começo propondo

---

5 Cf. Green (1974). Apresentado no 29º Congresso da API em 1975, esse texto, também conhecido como "Relatório de Londres" ou "Relatório de 1975", foi posteriormente republicado em Green (1990).
6 Cf. Green (1987b), republicado em Green (1996).

uma visão expandida da representação na metapsicologia. Distingo, primeiro, quatro territórios tópicos: o soma, o inconsciente, o consciente e a realidade. A representação de coisa pode ser inconsciente ou consciente, e por conta disso tem a faculdade de criar pontes entre os diversos setores. Ela constitui o núcleo do trabalho psíquico, da simbolização. Pôde-se conjecturar sobre o fracasso da realização alucinatória do desejo como modelo de base do psiquismo nos estados-limites. Cumpre precisar que esse fracasso se deve a um trauma no encontro com o objeto primário – encontro na origem dessas representações que Freud chamava de "representações de coisa" ou "de objeto". Noutros termos, o traço mnésico não é investível por causa da dor que pode provocar. Em vez de uma experiência de satisfação, evoca uma experiência de desamparo.

Às vezes fico surpreso de ouvir falarem com tanta frequência em amnésia infantil e tão pouco da importância da *amnésia durante as sessões*! Uma compreensão em termos de recalcamento não é suficiente. Constata-se nos pacientes uma memória como que recoberta por uma bruma, uma espécie de película. Fato bastante notável: muito frequentemente eles não têm mais que três ou quatro lembranças de infância – e, além disso, pouco importantes... Não se recordam de quase nada. Pior: vivem numa espécie de perda de referência temporal. A mudança vem vindo com o trabalho analítico... Caso se chegue a analisar a transferência – que se exprime "graças" a passagens ao ato, episódios somáticos ou situações loucas com os objetos externos –, o psiquismo tenderá a se organizar; a se "temporalizar", por assim dizer. Veremos, então, emergirem lembranças; veremos também uma manifestação da memória, dos traços que conseguem entrar em ressonância ou em relação com outros traços.

De fato, o trabalho analítico não deve apenas visar à recuperação do passado infantil, mas também (e, talvez, até prioritariamente) ao estabelecimento de uma memória processual, ligada à faculdade que a análise tem de engendrar representações.

F. U. – *Desde o seu Relatório de Londres,[7] o senhor tem atribuído uma grande importância ao trabalho em comum da dupla analisante-analista. E, para além da contratransferência, o senhor valoriza o papel do pensamento e da imaginação do analista.*

A. G. – Na nossa prática contemporânea não se procura tanto "tornar o latente manifesto" – graças a interpretações do analista – quanto se procura produzir uma dinâmica criadora na sessão analítica. Porém, essa dinâmica depende desse "trabalho em dupla". Ela tende à manifestação da simbolização e à constituição daquilo que chamo de "objeto analítico", um objeto formado pelo relacionamento das duplas de analisante e analista. O trabalho do analista se complexifica. É pelo diálogo analítico que ele vai procurar conectar, tornar figurável e pensável o material, antes mesmo de desembocar numa interpretação.

Num artigo relativamente recente – "A capacidade de *rêverie* e o mito etiológico"[8] –, falo do trabalho de imaginarização da escuta do analista em relação ao discurso do paciente. Uma vez que o sentido manifesto do discurso foi compreendido, é preciso ainda conseguir imaginá-lo, figurá-lo para si, torná-lo "visível" para o pensamento do analista. Nesse texto, insisto justamente na importância decisiva do *pré-consciente do analista como sede do trabalho psíquico dos processos terciários* – ou seja, dos processos de vinculação entre processos primários e secundários, que se mostram essenciais quando se tem de fazer frente a mecanismos de clivagem

---

7  Cf. p. 28, nota 5.
8  Green (1987a).

e de evacuação, e a tudo o que se designa, habitualmente, como "transtorno do pensamento".

F. U. – *O senhor sustenta, portanto, que – diferentemente do que se passa com os neuróticos – nos estados-limites o conflito é menos centrado no desejo do que nos transtornos do pensamento. Poderia então precisar as relações entre desejo e pensamento nos estados-limites?*

A. G. – Em *L'enfant de ça*[9] [O filho disso] eu já estava interessado no problema do pensamento (naquela época, estava começando a estudar a obra de W. R. Bion). Sustento ali a existência de uma relação dialética entre desejo e pensamento. Se consideramos o sonho (o paradigma freudiano), vemos que, para ter pensamentos de desejo, é preciso, primeiro, ter pensamentos, muito simplesmente! Estritamente falando, sem os pensamentos latentes não pode haver desejo. Nem tampouco o sonho como realização do desejo. Em Freud, a realização alucinatória do desejo é concebida como um trabalho de pensamento. E reencontramos aqui aquilo que havíamos dito dos traços: pois, por sua vez, para se constituírem, os pensamentos latentes dependem de certa decantação da experiência de satisfação nos traços mnésicos. É da constituição do traço, de sua disponibilidade, que depende o processo de transformação próprio aos pensamentos latentes. Porém, essa estruturação é insuficiente nos estados-limites...

F. U. – *Como essa particularidade do pensamento dos estados-limites se exprime na clínica? Quais são suas implicações?*

---

9 Green e Donnet (1973).

A. G. – A primeira questão que se coloca é saber se o sujeito, por assim dizer, está ou não ali, no momento. Se ele está ou não *presente* em seu próprio discurso e na sessão. Um dos meus pacientes me dizia: "Dr. Green, não estou escutando o senhor. Estou com merda nos ouvidos". Aqui, a interpretação é vivida como uma intrusão anal tão violenta que o analisante para de escutar, de estar ali, naquele momento. Depois de uma interpretação importante, outro paciente me disse: "Cale-se! Tudo o que o senhor pede é que eu esteja aqui, agora!". Veja só a importância, para o pensamento, deste "estar aqui, agora". Trata-se da relação entre a presença de si para consigo e a relação de si com o objeto, vinculadas num contexto de investimento. É o que Winnicott chamou de "capacidade de estar só" na presença do outro.

A segunda condição para poder pensar é estar aqui, agora, sem ser disso prisioneiro. Isto é, conservar esse movimento interno que permite partir, ali permanecendo. Poder fantasiar sem parar de investir na realidade, sem perder contato com o outro. A meu ver, é com esse movimento virtual de estar e de não estar aqui, agora – de estar presente em si, conservando simultaneamente a capacidade de se ausentar –, que se inicia o pensamento propriamente dito.

F. U. – *Pensar implica sair da presença pura, da identidade de percepção...*

A. G. – Exato. Uma vez atendida essa segunda condição, a terceira será uma exigência de fluidez. Pois o pensamento é uma corrente, um rio, e cumpre poder tolerar certo grau de desorganização. A organização do pensamento requer uma base sólida. *E uma falta*. Se não há falta, não há necessidade de pensar. Se a base não é sólida, a falta é desorganizadora demais...

Na clínica dos estados-limites, constata-se que essas condições não são "suficientemente" atendidas. Testemunha disso é a impossibilidade de associar livremente, a predominância do funcionamento evacuativo e também essa grande dificuldade de utilizar o divã devido ao risco de desorganização provocado pelo fato de se "perder de vista" (como diz Pontalis) o analista. O pensamento é submetido ao controle que o paciente quer exercer sobre o analista para conjurar os riscos de desorganização e a perturbadora sensação de ser invadido pelas pulsões ou pelo objeto.

F. U. – *O senhor faz alusão a outro conceito importante: a "loucura privada".*

A. G. – Eu proponho o conceito de "loucura privada" opondo-o à neurose, decerto, mas sobretudo à psicose. Como o senhor sabe, os casos-limites foram primeiramente situados "nos limites da psicose". Estou falando, então, de loucura para descrever funcionamentos não neuróticos e essas múltiplas situações nos limites da analisabilidade. É um conceito que remete à loucura própria ao ser humano, às paixões. Ele supõe um eixo pulsões-paixões vinculado aos objetos primários de amor e de ódio. Minha intenção é dar conta de certas transferências-limites, de passagens ao ato, da predominância do corpo em relação à palavra, do afeto em relação à representação.

F. U. – *O afeto. Eis aí um tema importante na sua obra, sobre o qual adoraria ouvi-lo. Já em 1960, ao apresentar um trabalho que fazia críticas a Jacques Lacan – no Colóquio de Bonneval*[10] *sobre "O inconsciente" –, o senhor reivindicava o papel do afeto e adotava*

---

10 Cf. *infra*, p. 130, nota 2.

*uma visão freudiana centrada no conflito e na relação irredutível entre o econômico e o simbólico...*

A. G. – Ah... O senhor foi longe no tempo citando esse trabalho sobre o afeto! Ele resultou, primeiro, na publicação de um relatório para um congresso. Depois foi retomado num livro, *O discurso vivo*.[11] Meu pensamento não mudou muito desde então. Na época, tinha de me confrontar com um problema duplo. O primeiro vinha da conferência de Jean Laplanche e de Serge Leclaire em Bonneval (onde se apresentava a teoria que Lacan havia tratado longamente na última parte do seu Discurso de Roma).[12] A teoria lacaniana partia da teoria freudiana, mas dela excluindo o afeto – modificação que não me parecia, de jeito nenhum, negligenciável! Ela fazia com que a interpretação do inconsciente pendesse numa direção que desnaturava profundamente a base freudiana. Meu primeiro objetivo foi, então, demonstrar essa divergência e marcar a diferença entre a teoria lacaniana e o pensamento de Freud.

O segundo problema provinha do fato de que o exame da literatura psicanalítica mostrava muito claramente que os analistas não estavam satisfeitos com as teorias existentes sobre o afeto. Eu tinha, por isso, uma dupla razão para abordar esse tema. E o fiz. Mas cumpre precisar algo: não sou "o homem do afeto". O que propus não é uma contrateoria que privilegia o afeto. Digo que o afeto é parte integrante da teoria e que não se pode suprimi-lo. Minha perspectiva visava, sobretudo, examinar as teorias psicanalíticas que, postulando uma formalização, não passavam de uma espécie de falcatrua, de pura e simples mistificação.

Por outro lado, é verdade que, por diversas razões, a elaboração de uma teoria do afeto não é óbvia. O afeto tem, sem dúvida, características que fazem dele um elemento bastante complexo: mantém

---

11 Green (1973).
12 Lacan (1953).

uma relação muito estreita com o corpo; está muito ligado aos elementos situacionais (pense no *Esboço de uma teoria das emoções*, de Sartre); marca, de saída, a relação com o outro (e é, de saída, marcado pela relação com o outro). Ademais, ele é o suporte de certo número de elementos que permitem que fenômenos como a crença ou a paixão sejam ancorados no inconsciente. Penso que o afeto é uma testemunha privilegiada das relações com a pulsão e com a história do sujeito (vista como uma história de "longo prazo", em oposição à história de "curto prazo" das representações). E um último ponto, que já havia sido percebido por Freud: a relação do afeto com a verbalização é muito mais incerta e discutível que a da representação com a verbalização.

Creio que somos aqui, mais uma vez, obrigados a proceder por comparação. Compreende-se melhor, com efeito, caso se oponha as propriedades da representação às propriedades do afeto. Para Freud, o fato de que uma representação seja *inconsciente* não implica verdadeiramente uma mudança de natureza da representação enquanto tal. Freud diz que algo está na consciência, depois não está mais, depois se percebe que esse algo continua a produzir efeitos. Freud não diz nada que poderia nos fazer pensar numa transformação essencial da representação: ela é inconsciente, e isso é tudo. Tomemos o problema – um bocado controverso – do afeto inconsciente. Alguns, como Laplanche, afirmam: "Ah, mas não há afeto inconsciente para Freud! Os afetos não se recalcam". Não é verdade! Isso era o que Freud dizia em 1915. Mas em 1923 ele propõe claramente a tese do afeto inconsciente a partir do sentimento inconsciente de culpabilidade.

Tudo o que acabo de enumerar é o que introduz no psiquismo uma dimensão moderna, a da dita "hipercomplexidade". Por conseguinte, abater o afeto da teoria não equivale a efetuar uma subtração anódina, tampouco a cometer uma omissão inofensiva.

É, efetivamente, pôr abaixo o edifício teórico: é retirar dele sua complexidade real, consistente, opaca, para substitui-la por uma complexidade de puras combinatórias que só existem na cabeça daqueles que falam delas!

F. U. – *Em O discurso vivo o senhor propôs uma distinção essencial entre dois modos de funcionamento do afeto: um ligado à cadeia significante ou simbolizante, outro que a excede ou a transborda.*

A. G. – A meu ver, ainda é válido. O verdadeiro ponto de referência, no que concerne ao afeto, é sua relação com a vinculação e a desvinculação. O afeto surge como algo que pode ou não sustentar o processo de vinculação. Com o afeto, o poder disruptivo do corpo pode se manifestar. Ele pode introduzir marcas, ênfases que enriquecem a representação; pode introduzir, no seio mesmo do processo de representação, um elemento de contradição, até mesmo uma força de desvinculação.

F. U. – *Parece-me, ainda assim, que o senhor não esgotou o tema; e que, a partir de O discurso..., retomou-o novamente em textos como "Réflexions libres sur la représentation de l'affect"*[13] *[Reflexões livres sobre a representação do afeto] ou "Paixões e destinos das paixões".*[14]

A. G. – Tem razão. O primeiro texto provém de uma intervenção num colóquio. O segundo me permite sair do enquadramento – por assim dizer – do afeto como ele se apresenta *stricto sensu* na obra de Freud. É um artigo de que eu gosto e que me parece de grande serventia, sobretudo para interpretar os fenômenos da

---

13 Green (1985).
14 Green (1980b).

clínica contemporânea. Ele frisa, ademais, um ponto que não havia explicado tão claramente em *O discurso*...: o afeto como fundamento da identificação (empatia, simpatia ou, ainda, antipatia). Enquanto fundamento da identificação, o afeto tem uma posição dialeticamente oposta à representação, que decorre da diferença entre processo de representação e processo de identificação. Temos representações de um objeto, mas se nós nos *identificamos* com ele, "somos" esse objeto – sentimo-nos como sendo esse objeto. Nesse momento você já não tem a mesma relação com o objeto, porque você se transformou nele.

F. U. – *Como o senhor articula o afeto e a teoria do narcisismo?*

A. G. – O afeto intervém aí de diversas formas. Tomemos o narcisismo em seu sentido mais amplo (sem as divisões entre narcisismo positivo e narcisismo negativo). Estou falando do narcisismo de vida. É claro que o afeto intervém no sentimento de satisfação, naquilo que garante o sentimento de unidade, de coerência, de harmonia da unidade. A bela forma e a ilusão da totalidade – em suma, o "Um" que vem conjurar o perigo da divisão do sujeito pelo inconsciente. Aí está, portanto, o que se encontra na fonte desse sentimento de satisfação, e que pode nos evocar Lacan, o estádio do espelho, a "assunção jubilatória"... Mas aqui surgirá então um paradoxo: o objeto, a existência do objeto. Por ser um objeto – isto é, potencialmente um objeto de desejo –, ele também tem a possibilidade de se recusar ao desejo. De igual maneira, por meio de suas mudanças de atitude, de posição, o objeto tem a faculdade de promover mudanças no sujeito, ameaçando sua unidade. Por isso, essa unidade terá necessidade de instalar um estado afetivo de suficiência total.

Evidentemente, o afeto só entra em jogo como *um* dos componentes do narcisismo, entre outros. Pois o problema da representação do Um não é negligenciável. O trabalho de representação no narcisismo procura se assegurar de que o objeto não tem nenhuma imperfeição que possa despertar uma fantasia de castração ou ameaçar a integridade imaginária, seja ela corporal ou psíquica. E, sobretudo – o que também foi demonstrado pelo Lacan de antes da linguagem –, a forma como a imagem do outro participa do processo de agressão especular. Vemos, portanto, que a questão da representação desempenha um papel central e que ela é de extrema importância no que concerne à tranquilidade, à sedução ou, justamente, à identificação especular. A grande contradição na qual estamos mergulhados é, filosoficamente falando, da ordem das questões de *forma* e de *substância* (situando o afeto do lado da substância). Seria preciso remontar a Spinoza...

A ilusão de Lacan foi pensar que podia se livrar da substância. Mas a substância retorna. Ela reaparece na clínica e nas objeções de encontro a sua teoria.

Com o tempo me dei conta de que o grande abalo provocado por Lacan alimentava, no fundo, um movimento de retaguarda. O material de reflexão no qual se apoiava era o mesmo que aquele trabalhado por Freud – *o mesmo, ainda que interpretado diferentemente*. Por isso, o que para mim já constituía um problema na obra de Freud, e que não respondia às interrogações da nossa prática de hoje, se reencontrava na obra de Lacan: não se podia esclarecer, traduzir em pensamento o que se passava *para além do campo da neurose*.

Hoje a época é pós-estruturalista. Poucas pessoas continuam a acreditar na formalização, nos matemas... eles parecem ter apenas uma função narcísica. Dão a ilusão de um cálculo ou de uma combinatória possíveis: chegaríamos a uma análise formal integral, até mesmo "científica" – e (subentendido jamais formulado em voz alta) aquele que tivesse vivido uma análise desse gênero teria um prestígio em relação aos outros!

Observe a situação atual na França. O senhor vai constatar que todos os nossos grandes autores são pós-lacanianos. E chamo a sua atenção para o fato de que não são pós-lacanianos cujas ideias coincidem completamente entre si... Eu mesmo não estou sempre de acordo com Jean Laplanche, com Piera Aulagnier ou Didier Anzieu[15] (menciono esses autores porque publicaram recentemente na sua revista,[16] mas também poderia citar outros). A maioria, nove em cada dez autores cuja obra suscita hoje o nosso interesse, são aqueles que foram influenciados por Lacan e depois se separaram dele. Acho que Lacan me forneceu grandes contribuições, não posso dizer o contrário. Mas com a condição de me ter afastado dele.

F. U. – *O senhor reconheceu ter sofrido a influência de Lacan, de Winnicott e de Bion. Contudo, eu diria que a sua obra parece querer renovar o fundamento freudiano para dar conta das particularidades e das exigências da clínica contemporânea.*

A. G. – Continuo achando que a obra de Freud é, ainda hoje – talvez não seja agradável constatar isso –, aquela que, entre todas as outras, tem a vantagem de conter o conjunto dos componentes necessários para abordar o psiquismo em sua *complexidade*. Pode ser que minhas respostas não sejam como as de Freud, mas é preciso reconhecer nele a exigência de apresentar cada uma das problemáticas sob seus mais diversos aspectos.

A principal razão pela qual continuo a me referenciar em Freud é simples: penso efetivamente que a *dimensão do conflito* é

---
15 Cf. Green (2013).
16 *Zona Erógena*. Cf. o Anexo I, no final deste livro.

essencial, não eliminável. Esse conflito encontrou, em Freud, sua forma mais radical, extrema, na oposição das pulsões de vida e de morte. Porém, é aí que se percebe que todos os ingredientes estão aí, mas talvez não a solução... Estou querendo dizer que chamar isso de "pulsão de vida" e "pulsão de morte" pode ser discutível. Sem dúvida há forças de vinculação e de desvinculação, e isso é o que, de minha parte, chamei de "função objetalizante" e "função desobjetalizante" – assim como oponho o narcisismo que tende ao *um* e o narcisismo (negativo) que tende ao *zero*, isto é, que resulta da desvinculação em relação ao objeto. A função desobjetalizante pode provocar uma desvinculação interna entre os processos do inconsciente e do consciente, e até mesmo provavelmente entre os processos do Isso e do inconsciente.

Repito mais uma vez: a especificidade da psicanálise está na articulação entre o intrapsíquico e o intersubjetivo. Creio que o divórcio que existe no cerne do pensamento psicanalítico – divórcio entre a teoria freudiana do funcionamento mental e as teorias pós-freudianas das relações de objeto ou da relação com o outro – é nocivo à psicanálise. Os mal-entendidos existem. É claro que eles estão tanto de um lado quanto do outro, e eu sou completamente a favor de uma integração dessas perspectivas porque me parecem, em última instância, complementares. Precisamos de uma nova síntese fundamental. Se nos limitamos ao intersubjetivo, nos vemos diante de uma série infinita de contradições que, bizarramente, acabam aproximando Melanie Klein de Lacan... visto que são perspectivas unicamente relacionais! Quer se trate do outro com minúscula, do grande Outro ou do objeto kleiniano, voltamos sempre à mesma coisa...

Por outro lado, é verdade que a teoria freudiana se concentrava no intrapsíquico e não levava suficientemente em conta o papel do objeto. Para Freud, o que contava era o funcionamento da pulsão;

o comportamento do objeto era contingente. Ora, temos agora elementos o suficiente para saber que *o objeto desempenha um papel considerável na constituição da estrutura psíquica.*

Eu diria, portanto, que *a coerência da situação e da prática psicanalíticas não é outra coisa que não a articulação do intrapsíquico e do intersubjetivo.* É uma ideia que está na base da minha teoria da dupla transferência. Num só e mesmo ato, há *tanto* transferência com a palavra *quanto* transferência com o objeto. Aí está o que interessa! Por muito tempo se acreditou que a transferência se dava com o objeto. Porém, acho que a transferência com o objeto – e isso eu devo, de certo modo, a Lacan – se articula com a transferência com a palavra. É impossível separá-las. Diferentemente de Lacan, eu diria, então, que só a transferência com a palavra não é o suficiente; e que, precisamente, a transferência com o objeto e a resposta do objeto são essenciais para a revelação do sujeito. Nessa perspectiva, defini o processo psicanalítico como um retorno a si que passa pelo outro-semelhante.

F. U. – *Em sua conferência na universidade,*[17] *o senhor evocou um "sujeito brincante". Como pensa essa noção? Qual é hoje a sua concepção do sujeito?*

A. G. – Minha concepção do sujeito não é fechada. É uma elaboração em curso, sobre a qual só posso indicar certo número de elementos que me parecem importantes. Para mim, o sujeito é – e sempre será – o *sujeito da pulsão*. E eu diria que aquilo que se passa numa análise é o reconhecimento, pelo sujeito, de sua própria estrutura pulsional, independentemente de quais tenham sido as peripécias da sua história e independentemente de qual tenha sido o papel do objeto. Não se trata, em nenhum caso, de negar que um

---

17 Cf. *supra*, p. 21, nota 1.

sujeito tenha podido ser (utilizemos um termo forte) *massacrado* por objetos: que esses objetos não o tenham auxiliado em nada na conquista de sua plenitude, em sua chegada ao mundo, em sua participação como ser no mundo. Seja qual for o papel dos objetos, nós nos relacionamos sempre com o sujeito. Falamos, portanto, de sujeito como sujeito da pulsão, e como sujeito da pulsão a reconhecer.

Um segundo aspecto da minha concepção do sujeito é a da heterogeneidade dos seus constituintes. Longe de nos referirmos a uma concepção pura e unitária, trata-se de demonstrar que o sujeito é profundamente impuro e profundamente heterogêneo. Ele deve *compor* com os diversos aspectos dele próprio, sendo determinado ao mesmo tempo por sua relação com a realidade biológica e pela realidade cultural.

A meu ver, os grandes eixos que Freud definiu (princípio do prazer, princípio da realidade, bissexualidade, conflito entre pulsões de vida e de morte, estrutura edipiana etc.) continuam sendo instrumentos de pensamento dos quais não se pode prescindir. Não vejo como as outras teorias podem se arranjar de outro modo e, nesse sentido, fico completamente estupefato ao constatar a estreiteza de visão dos psicanalistas com relação a Freud. Ninguém mais acredita no complexo de Édipo! Por que Lacan diz que a ameaça de castração não funciona mais?! Laplanche diz: "Não creio que seja um elemento-chave da teoria... Para mim, o que é decisivo é o encontro entre a criança e o adulto, conforme a teoria da sedução". Teimo em pensar que o Édipo é um dado essencial.

A questão do sujeito é enquadrada pelos mecanismos da "terceiridade". De fato, toda estrutura subjetiva é terceira. Remeto aqui aos trabalhos de Peirce. Com efeito, essa "terceiridade" torna a colocar em jogo não somente um sujeito e um objeto, mas também um terceiro elemento que é o "interpretante" – o qual mantém com o objeto a mesma relação que o sujeito com qualquer outro interpretante. Isso é fundamental porque concerne a toda teoria da produção de sentido. Por isso, para mim, o elemento da terceiridade faz com que o sujeito humano comporte uma dimensão estrutural terciária: nós a encontramos, por um lado, na triangulação edipiana; e, por outro, naquilo que descrevi sob o nome de "processo terciário".

Chega-se, por fim, à noção de "sujeito brincante" à qual o senhor fez alusão. Há efetivamente dois aspectos do sujeito: o aspecto do sujeito da teoria da brincadeira e o do sujeito da combinatória. Não tenho em absoluto a intenção de negar a existência de elementos que respondem a essa faceta do problema, abordada por Lacan. Mas, por outro lado, temos a contribuição fundamental de Winnicott, e é dela que tiro a noção de "sujeito brincante". Trata-se da brincadeira da atividade criadora. O sujeito é essa brincadeira da atividade criadora enquanto movimento enquadrado pela estrutura do simbólico, mas tendo uma margem de ação para, no caminho, transformar tanto a si mesmo quanto as regras da brincadeira. Pode-se compará-lo com o artista, no sentido em que lhe é preciso criar uma posição na cadeia intergeracional dos artistas com uma dupla condição: pertencer a uma tradição e romper com ela para inventar outra. Em todo caso, se eu tivesse de escolher, a teoria de Winnicott me pareceria a mais apropriada. Com seu formalismo, a teoria do sujeito da combinatória de Lacan me parece bastante pouco convincente.

F. U. – *O senhor assinala os limites do modelo clínico (freudiano) da neurose para dar conta, por exemplo, da problemática dos casos-limites. Que modelo, do ponto de vista clínico e teórico, o senhor propõe, então?*

A. G. – Inicialmente, foi interessante constatar que, para abordar esse domínio novo da clínica dos casos-limites, era preciso que dispuséssemos de outro modelo que não o fornecido pela neurose. Ao mesmo tempo, fomos muitos a propor modelos. Por exemplo, é claro que em Piera Aulagnier há um modelo; é claro que em Laplanche, com seus *Novos fundamentos*,[18] há um modelo. Eu me esforço, igualmente, para chegar ao mesmo resultado, com a pretensão de exprimir essa mudança radical que, a meu ver, a psicanálise deve realizar.

Dei ao senhor as razões de minha fidelidade a Freud. Dito isso, não se trata de uma fidelidade de princípio, mas de uma fidelidade pragmática. Eu me dou conta de que se pode encontrar na obra de Freud os principais elementos de que se precisa para a solução de um problema. A radicalidade da mudança atual provém da confrontação entre o modo de pensamento de Freud e o nosso próprio modo de pensamento: as limitações do modelo freudiano procedem de uma epistemologia que não é muito a nossa. Com isso, a psicanálise deve construir um modelo em maior conformidade com a epistemologia complexa da nossa época. Em outros termos, devemos retomar os diferentes determinantes do modelo do psiquismo. A aposta é das mais sérias. Ela comporta um desafio prático: saber se a evolução "demográfica" psicanalítica vai permitir que os psicanalistas continuem exercendo sua profissão segundo as suas regras clássicas, ou se eles se verão obrigados a modificar as modalidades de suas ações a fim de sobreviver. Também é um desafio com relação a todos esses movimentos mais ou menos inspirados pela psicanálise, que, ainda que se desenvolvam cada um no seu canto, permanecem em interação com a psicanálise: terapia familiar, grito primal, Gestalt, hipnose... e tudo o mais!

Sem esquecer a questão da renovação do pensamento psicanalítico propriamente dito... Por isso, entre os grandes temas, temos ainda o desafio em que as neurociências e a situação da

---

18 Laplanche (1987).

psicanálise em relação às ciências sociais e antropológicas nos colocam. Eis aí todo um conjunto que representa os desafios lançados ao pensamento psicanalítico tendo em vista a sua renovação. E não se trata de procurar compromissos. Nossa tarefa é *atualizar* o pensamento psicanalítico, colocá-lo no nível das outras disciplinas, confrontando-as com o que aprendemos com a própria experiência analítica – isto é, não de seus derivados (a observação de bebês, entre outros), mas daquilo que há de mais vivo, de mais pungente na experiência analítica.

F. U. – *Esse modelo que o senhor procura construir não corresponderia à sua tese segundo a qual a função de base do aparelho psíquico é representar?*

A. G. – Sim, mas com a condição de dar ao conceito de "representação" toda a amplitude explicitada no artigo ao qual o senhor fez menção, e que instala o conflito e a heterogeneidade bem no centro da representação.

F. U. – *Em "La représentation de chose: entre pulsion et langage"[19] [A representação de coisa: entre pulsão e linguagem] o senhor propõe um modelo ampliado do psiquismo, com quatro territórios (soma, inconsciente, consciência e realidade) e seus diferentes componentes. Não acha que esse modelo apresenta uma síntese de certos eixos do seu pensamento? Que valor atribui a ele, do ponto de vista do seu projeto de construção de um modelo teórico pessoal?*

A. G. – Sem dúvida alguma há aí uma primeira síntese e essa ideia tem, a meu ver, um valor considerável. É uma plataforma de trabalho que reúne, com coerência, muito do que tentei compor.

---

19 Green (1987b).

No prefácio de *Narcisismo de vida, narcisismo de morte*,[20] sustento que, para o analista, existe algo que funciona como um "processo teórico inconsciente" do qual ele só se dá conta ulteriormente. Talvez, é verdade, constatemos com surpresa que uma noção que se está elaborando tem sua origem, de fato, dez ou quinze anos antes. O fio condutor do meu trabalho havia, assim, sido enunciado desde *O discurso vivo*: a solidariedade indissociável entre a *força* e o *sentido*, a saber, a dupla econômico-simbólico – ou simbólico-econômico, como preferir. Aí estão duas dimensões que são, para mim, indispensáveis e indissociáveis.

F. U. – *Qual o balanço pessoal que o senhor faz hoje? Como André Green se sente com André Green?*

A. G. – Muito melhor que há algum tempo. Creio que estou num momento um pouco especial. O senhor conhece bem a minha obra e verá que estou chegando num estágio – creio que esta entrevista é reflexo disso – em que sinto a necessidade de retomar o conjunto das ideias que produzi em diferentes ocasiões para fazer disso um todo coerente. Estou num momento em que sinto necessidade de uma nova síntese, e é a isso que pretendo me dedicar nesses próximos anos.

---

20 Green (1983a).

## 2. Depois de Freud, com Freud
Renovar os fundamentos da metapsicologia: o intrapsíquico e o intersubjetivo[1]

*Buenos Aires, outubro de 1996*

F. Urribarri – *Tenho a impressão que, nos seus últimos trabalhos (por exemplo, na* Propédeutique[2] *[Propedêutica]), o senhor propõe uma síntese ou uma reelaboração metapsicológica na qual a teoria da representação tem um papel totalmente central. O senhor retorna à obra de Freud nela evidenciando dois modelos, os quais se diferenciam essencialmente pelo lugar que a representação ocupa. Poderia desenvolver um pouco essa ideia?*

A. Green – Eu reivindico, com efeito, a riqueza e a potência teórica do pensamento de Freud. A meu ver, nenhuma das teorias que tentaram ultrapassá-lo – a *Ego-psychology* [Psicologia do ego], o kleinismo ou o lacanismo – conseguiram chegar a isso. Pior: todas caíram num certo tipo de reducionismo. Porém, para mim,

---

1 Entrevista realizada paralelamente às comemorações do 175º aniversário da Universidade de Buenos Aires, no decorrer das quais Green recebeu o título de Professor Honorário. Este texto foi publicado em espanhol, em 1998, na *Revista de Psicoanálisis* da Asociación Psicoanalítica Argentina (APA), 6, número internacional: *La representación y lo irrepresentable* [A representação e o irrepresentável].
2 Green (1995).

a obra de Freud não é nem da ordem do talmúdico, nem de um apego religioso qualquer à sua letra. É preciso trabalhá-la a partir daquilo que a história do pensamento pós-freudiano nos forneceu e dos desafios que a clínica contemporânea nos coloca. Dito isso, mesmo quando queremos repensar essas questões às quais Freud respondeu de forma ambígua ou insuficiente, é na sua obra que encontramos os elementos a partir dos quais avançar.

O senhor assinala com razão: é necessário considerar, esquematicamente, a existência de dois modelos na obra de Freud. Essa ideia me pareceu importante à medida que eu refletia acerca das dificuldades para dar conta daquilo com que a clínica com os pacientes não neuróticos nos confronta. Pois o que está em jogo ali é o problema da representação e do irrepresentável – isto é, fracassos e limites do próprio trabalho de representação.

O próprio Freud opera uma mudança visível no decorrer de sua evolução. Ele passa de um modelo (que opõe neurose e perversão) a outro (opondo neurose e psicose); em seguida, os relaciona. Praticamente se pode fazer esses dois modelos coincidirem com as duas tópicas.

O primeiro modelo tem como eixo *o sonho como paradigma central do inconsciente*. Ele vai se revelar relativamente válido para a análise dos neuróticos. De um ponto de vista clínico, esse modelo é formado pela dupla: *sonho/relato do sonho*. Ele postula, em síntese, uma compatibilidade entre o sonho e o relato do sonho: o sonho é tal que seu relato nos permite acessar o trabalho do sonho. De um ponto de vista metapsicológico, trata-se da teoria da representação que Freud já havia proposto em 1900 e de que ele vai precisar em 1915. Essa teoria se ampara na relação eficaz, conflituosa – mas estável –, entre representação de coisa e representação de palavra. O sonho (representação de coisa) transformado em relato de sonho (representação de palavra) faz com que o sentido circule de um nível ao outro.

Porém, esse modelo tem algumas características capitais sobre as quais por vezes ou não se detém, ou se faz isso de modo insuficiente. Elas são, no entanto, decisivas para compreender a mudança que vai ocorrer. Uma delas é que a pulsão se situa *fora do aparelho psíquico*, na fronteira com o soma. A pulsão, diz Freud, não é nem consciente nem inconsciente, e ela só é conhecível por meio de seus representantes. Outra característica é que se trata de um modelo enquadrado na consciência. A referência comum é a consciência, como as três instâncias tópicas indicam claramente: in-*consciente*, pré-*consciente* e *consciência*. Ademais, e isso não é negligenciável, é o princípio do prazer que, em última instância, governa esses sistemas.

F. U. – *O senhor chama a atenção para o fato de que os fracassos da clínica revelam a insuficiência desse modelo, na medida em que o sistema de compatibilidade que garante o trabalho de representação pode ser posto em xeque pela pulsão de morte.*

A. G. – Exato. E Freud se dá conta disso. Por isso, depois de toda uma etapa de pesquisa, ele dá à luz outro modelo: o da segunda tópica e do segundo dualismo pulsional. Frequentemente se pensa que as duas tópicas refletem a mesma coisa com nomes diferentes. Porém, essa é uma visão claramente superficial – e falsa! Porque, nesse ínterim, o modelo de base mudou: aquilo de que se trata, doravante, é justamente reconhecer e pensar suas diferenças, tentando chegar a uma articulação entre os dois – o que Freud não teve condições de fazer.

O aparelho da segunda tópica é bem mais heterogêneo que o da primeira; o trabalho de representação implica a fusão de materiais diversos e toma um caminho menos garantido. Para começar, dali em diante as pulsões estão situadas no aparelho psíquico, no Isso. Além do mais, trata-se de pulsões de vida *e de pulsões de morte*. A introdução das pulsões de morte faz com que surja, de forma radical, o problema do irrepresentável, o que ultrapassa toda forma de representação e que, ao mesmo tempo, ataca o próprio processo de representação.

Nunca se insistirá o bastante nessa diferença crucial: na segunda tópica, *as pulsões não estão mais nem fora nem no limite do aparelho psíquico, mas em seu interior*. O lugar central da representação desapareceu. São as próprias moções pulsionais que agora sobem, ali, ao posto de protagonistas. O Isso substitui o inconsciente, tornado simples "qualidade psíquica". No Isso, disse Freud, *não há nem representações nem conteúdo*. A representação foi destituída de seu lugar central.

No primeiro modelo, a representação tinha seu lugar, sua existência "garantida" (mesmo que ali Freud se interrogasse com relação ao recalcamento). No segundo modelo, a representação já não é mais um dado de base, um elemento originário do psiquismo: ela é, quando muito, um resultado. Nada garante sua possibilidade. Aquilo de que se trata naquele momento é, portanto, um novo modelo definido pela problemática: pulsão / descarga *ou* elaboração representativa. E isso porque é preciso dar conta do fracasso da palavra, da representação, da interpretação frente à pulsão, à compulsão à repetição mortífera, ao *Agieren*.

*O irrepresentável constitui o critério essencial desse modelo, no qual o ato vem ocupar o lugar paradigmático que antes tinha o sonho*. É por isso que Freud toma como referência a reação terapêutica negativa. Com essa mudança de modelo, podemos também constatar que o negativo não é mais o mesmo: não estamos mais na neurose como negativo da perversão. Do trabalho do negativo como fator estruturante do aparelho psíquico pelo recalcamento passa-se para o negativo da reação terapêutica negativa, para a compulsão mortífera da pulsão de morte. Freud vai, portanto, começar a pensar a neurose em relação à psicose: não é mais simplesmente questão de recalcamento, mas de *destruição do pensamento*.

F. U. – *O senhor observa que os impasses da clínica levam a encarar a existência de uma maior "distância" entre a pulsão e a linguagem, na qual a mediação representativa pode fracassar.*

A. G. – Justamente, se nos colocamos na perspectiva de Freud (com a qual estou de acordo), *a linguagem não pode cobrir toda a atividade psíquica*. Freud passou toda a sua vida lutando contra a ideia de um "psíquico = consciência". Seguindo seus passos, rejeito a ideia de um "psíquico = linguagem". Poderíamos, no limite, nos erguendo pelos nossos próprios cabelos, sustentar a validade da ideia de Lacan segundo a qual "o inconsciente é estruturado como uma linguagem" *no enquadramento da primeira tópica*. Mas, com a segunda, dado que a representação – *toda representação!* – desaparece da noção de Isso para ser substituída pelas moções pulsionais (então situadas *no aparelho psíquico*), a linguagem é colocada em xeque. E o que é postulado para o aparelho psíquico tem seu correlato no tratamento: é o próprio tratamento, na medida em que ele se assenta na linguagem, que é posto em xeque! Posto em xeque pelo irrepresentável. Pelo que escapa à linguagem. Pelo que se furta ao modelo "tratamento/relato do sonho". A interpretação é posta em xeque. E, nesse ponto, vemos surgir uma nova problemática, digamos, do objeto: uma problemática do objeto que não é mais forçosamente aquela em que a relação é suscetível de corresponder à ordem da linguagem.

F. U. – *Mas frisando a importância da pulsão de morte e do problema do irrepresentável, a sua intenção é justamente salvar a teoria da representação. Além disso, o senhor sustenta algo que, para muitos leitores que ainda o consideram "o homem do afeto", pode parecer uma novidade: a seu ver, o principal elemento de uma teoria do psiquismo seria uma teoria da representação. Nesse sentido, o senhor acaba de propor uma "Teoria geral da representação".*[3]

A. G. – Sim, é verdade. Penso que a teoria da representação, que é implícita em Freud e que procurei reelaborar, é absolutamente fundamental. A existência de uma teoria como essa em minha obra se deve à extensão em que opero no campo da representação. O próprio afeto – já que falou nele – deve ser considerado como "representante-afeto". A representação é, no fundo, quase sinônimo de psiquismo, pois, como a entendo, não se detém no domínio do sentido, mas resvala também para o lado da força. É justamente o que a distingue da "representação" da filosofia ou do significante linguístico.

Com essa ampliação do campo da representação que funda minha teoria da representação generalizada, proponho que se considerem as diferentes relações da psique: com o corpo, com o outro-semelhante e com o mundo. O essencial é que, a partir de cada uma dessas relações, desses "materiais", a psique produzirá diversos tipos de representações. O funcionamento psíquico se define então pelo trabalho com materiais heterogêneos. Por conseguinte, a heterogeneidade é a chave dessa reelaboração em que a noção de "limite" adquire um sentido: o de um território de passagem, isto é, de transformação.

---

3 Cf. o debate com Green, organizado pelo Instituto de Psicossomática (Ipso) em Genebra, em junho de 1994, em que ele expôs sua "Teoria", publicada mais tarde em Fine e Schaeffer (Orgs.) (1998). Cf. também Green (2011, pp. 31-60).

F. U. – *A noção de "heterogeneidade" constituiria, então, um dos pilares do seu pensamento.*

A. G. – Sim. Mas, mais que uma noção, trata-se – se posso assim me expressar – de uma *lógica da heterogeneidade*. Com efeito, a heterogeneidade das representações ou do significante (que não é outra coisa além de um suporte para um sentido) é tal que não é possível aplicar um sistema homogêneo a todas as dimensões psíquicas em jogo. Sem dúvida, a riqueza da psicanálise vem dessa heterogeneidade, dessa diversidade dos significantes que se manifesta na pulsão, nas representações de coisa e de palavra, no pensamento etc. Porque é disso que somos feitos: de interações, de conflitos (que são sua dimensão complementar e essencial) entre esses registros muito diversos, a partir dos quais tentamos isolar o sentido – um sentido que provém justamente dessa confrontação, e da transformação de um "dado psíquico" (isto é, de um tipo de representação) quando da passagem de um sistema ou de um registro psíquico a outro. Pois a representação, cada vez que ela passa de um sistema a outro, perde ou ganha alguma coisa: não há processo cumulativo linear. Há um processo descontínuo de transformação e de transposição ou de transferência. É por isso que proponho essa "lógica da heterogeneidade". Parece-me que ela permite uma definição do funcionamento psíquico simultaneamente mais complexa e mais coerente do que outras lógicas, como as do significante ou como a lógica paradoxal de Winnicott.

Para retornar à teoria da representação generalizada, seu objetivo, em última instância, é dar conta dessa heterogeneidade maciça que caracteriza a psique em virtude da sua relação com aquilo que se encontra fora dela mesma. O que isso quer dizer? É simples. A partir dessa relação com o corpo surgirão a pulsão e o representante psíquico da pulsão (*Triebrepräsentanz*) – que será preciso distinguir do representante-representação (*Vorstellungsrepräsentanz*);

da relação com o mundo, considerada a partir da perspectiva intrapsíquica essencial da busca de satisfação e de prazer, surgirá a representação de coisa ou de objeto; da relação com o outro-semelhante, enquanto ser falante, surgirá a representação de palavra. Acrescentemos ainda as representações da realidade ou, como diz Freud, os juízos que, no Eu, representam a realidade.

Há aí uma distinção importante que se pode fazer sobressair de Freud, ainda que ele nunca a tenha enunciado claramente. A pulsão, como a descreve, representa a exigência que é imposta à psique por sua relação com o corpo. Ela mesma é, portanto, um representante, uma delegação da força que se faz presente no psiquismo. Essa delegação é o representante psíquico da pulsão (*Triebrepresäntanz*). Ao mesmo tempo que é um representante, a pulsão tem representantes: o representante-representação (*Vorstellungsrepräsentanz*) e o afeto.

F. U. – *Em outros termos, o senhor define o representante psíquico da pulsão como a expressão de uma excitação somática que surge no psiquismo e se manifesta como pura tensão psíquica – de fato, como um representante que não é uma representação. Pode-se então dizer que, desse modo, o senhor dá um lugar ao irrepresentável na sua teoria da representação? É nessa perspectiva que encararia a necessidade de reconhecer o valor do segundo modelo freudiano, que implica ir além da noção de "inconsciente" para incluir o Isso? Uma articulação como essa é possível? De que forma?*

A. G. – A questão do irrepresentável não pode verdadeiramente ser colocada, a não ser a partir de uma teoria da representação; ou seja, para nós, psicanalistas, a partir de uma perspectiva metapsicológica. Pois se trata, literalmente, de ir além da consciência. O irrepresentável *não é* aquilo de que o sujeito não tem consciência num dado momento. Também não é aquilo que ele não consegue ou não sabe dizer na sessão; nem representações que, pelo fato de estarem vinculadas a uma fantasia inconsciente, teriam sido recalcadas. Muito pelo contrário, é algo que não chega a se vincular. O irrepresentável, portanto, remete ao problema da representação, assim como aos da pulsão, da vinculação e da desvinculação.

Por outro lado, é verdade que a questão do irrepresentável nos obriga a reconsiderar nossa compreensão do inconsciente. A noção de "inconsciente" permanece, para mim, fundamental – mas na medida em que se pode articulá-la com o que a ultrapassa: a pulsão de morte.

Quanto à passagem para o Isso freudiano da segunda tópica, a articulação me parece possível, entre outros pontos de vista, na medida em que essa noção – entendida como moções pulsionais representantes do corpo, mas não representativas – corresponde ao representante psíquico da pulsão da primeira tópica.

Mas a questão da articulação entre um modelo e outro não se limita a isso. Retomemos o fio da minha teoria da representação. Nela, há algo a mais que é fundamental: a conceitualização da representação de coisa (ou de objeto), seu lugar no psiquismo. A representação de coisa funciona – ou, mais precisamente, pode funcionar – como o entroncamento, a ponte, o elo pelo qual a simbolização opera. Do ponto de vista de sua constituição, a representação de coisa é o traço mnésico deixado por uma experiência de satisfação, em que o objeto que forneceu a satisfação recebeu sua inscrição. O objeto encontra, assim, sua inscrição, sua representação no psiquismo, ainda que, é claro, ele não seja reconhecido como tal. O desejo inconsciente é justamente esse movimento pelo qual, diante da ausência do objeto, o representante da pulsão investe – literalmente monopoliza, ocupa – a representação de coisa, que se torna assim representação-alvo da busca de satisfação.

Noutros termos, a representação de coisa vai permitir uma vinculação da pulsão.

No primeiro modelo freudiano, esse processo se completava (depois do recalcamento originário) com o surgimento das representações de palavra e das representações de coisa conscientes. Ainda que não pudéssemos nos satisfazer com esse esquema – e que se faça necessário ampliá-lo –, o duplo caráter da representação de coisa é, a meu ver, essencial: ela pode se articular com a pulsão e com a linguagem, simultaneamente.

O valor da representação de coisa vem, então, do seguinte: o representante psíquico da pulsão é justamente o primeiro esboço do sujeito, mas isso continua sendo insuficiente; é necessário que o processo de cooptação da representação de coisa pelo representante psíquico constitua essa matriz de simbolização que é o inconsciente. Pois se algo diferencia o Ics do Isso, é essa passagem que as representações de coisa possibilitam; por meio delas, o primeiro torna-se capaz, ao mesmo tempo, de preservar os investimentos e de transformações. Graças à representação de coisa, o representante psíquico se vincula, entra na cadeia de simbolização. A representação de coisa age vinculando, transformando, limitando e figurando a energia pulsional.

F. U. – *Se compreendo bem, o que o senhor está formulando aqui é que a representação de coisa tem um valor duplo: de um lado, ela vincula a tensão do representante da pulsão e abre o caminho para o trabalho psíquico de representação, de simbolização; de outro, as representações de coisa inconscientes e conscientes podem estabelecer a ponte que vincula a pulsão à palavra.*

A. G. – Sim, é o que se passa no melhor dos casos. O que constatamos naquilo que se costuma chamar de "casos difíceis"?

Observamos falhas na simbolização, como se as representações não conseguissem vincular a força das pulsões – pulsões que podem então acabar se exprimindo por meio de passagens ao ato ou de somatizações. Nessas condições, somos confrontados com algo que não acontece nas neuroses: a representação de coisa inconsciente pode ser atacada, e até abandonada pelas pulsões, por conta de uma insuficiência do trabalho psíquico. Devemos, então, encará-la com a força destrutiva das pulsões de morte, com seus ataques contra a representância e suas descargas diretas no real. Concluindo, o senhor pode ver, ao mesmo tempo, como a articulação entre a teoria da representação e o segundo dualismo pulsional é possível; e como, aqui, a representação de coisa desempenha um papel privilegiado.

Tomemos outro exemplo. Como se pode compreender a reação terapêutica negativa ou a compulsão à repetição mortífera, para além do princípio do prazer? Propus a seguinte hipótese: o sistema de traços mnésicos constituído pelas representações de coisa não consegue trabalhar, ele não é suscetível de ser trabalhado. É como se a rede de traços não pudesse ser reinvestida pela memória, pois, no lugar e na posição dos traços, há dilaceramento do tecido psíquico. Com isso, todo investimento é causa de dor. Para evitá-la, um limite se constitui – que é a compulsão à repetição. Essa repetição está para além do princípio do prazer, visto que ela repete a desvinculação, a não representação, a expulsão para fora do psiquismo.

F. U. – *O senhor acabou de falar em "sujeito", noção a propósito da qual eu gostaria de interrogá-lo. O senhor escreveu que "a pulsão é a matriz do sujeito".[4] Poderia comentar um pouco essa ideia?*

---

4  Cf. Green (1997, p. 274).

A. G. – Para mim, a noção de "sujeito" tem uma grande importância. Antes de mais nada, porque a única psicanálise que existe é a do sujeito (coisa que algumas correntes modernas tendem a esquecer). A concepção freudiana da subjetividade é original porque descobre que aquilo que permite dizer *eu* é justamente a pulsão. É essa a ideia quando digo que a pulsão é a matriz do sujeito.

Do mesmo modo que temos diversas concepções do objeto, que remetem, de fato, a coisas diferentes (objeto primário, fantasístico, narcísico, interno etc.) e que proponho chamar de "linhagem objetal", também temos uma "linhagem subjetal": alguns, como Anzieu, falam em *"Moi"* [Eu/Mim]; Piera Aulagnier fala em *"Je"* [Eu]; outros, ainda, em "sujeito". A minha própria posição consiste em dizer que a referência comum a todos esses termos "subjetais" é a pulsão, em sua atividade de vinculação e de desvinculação.

Por outro lado, o senhor me indaga acerca do lugar que dou à pulsão – o senhor sabe que se trata, para mim, de um conceito essencial. Apesar dos ataques que a pulsão sofreu na psicanálise contemporânea, temos razões de peso para revalorizar esse conceito. Ele busca dar conta de uma questão fundamental que todo psicanalista tem em mente: a questão do "solo" onde nasce a psique.

Se adotamos uma perspectiva metapsicológica, compreendemos que Freud inventa o conceito de "pulsão" para explicar a noção de "força psíquica", a dimensão daquilo que é imposto à psique como exigência de trabalho por sua relação com o corpo e que, depois (num devir em que não são estrangeiros nem o objeto nem o desfraldamento das representações), poderá ser chamado de *desejo*; é o que nos confere a dimensão de intencionalidade e também da capacidade de transformação. Logo, é a pulsão que ocupa, em psicanálise, o lugar da causalidade. Não há causalidade psíquica – isto é, qualquer fenômeno psíquico – que não remeta à pulsão.

É claro, existem outras teorizações. A de Laplanche, por exemplo. Mas hoje podemos dizer que estamos numa situação em que se opõem, essencialmente, duas perspectivas: uma atribui uma grande importância à *estruturação intrapsíquica*; a outra concebe diretamente essa estruturação intrapsíquica como um resultado apenas da *estruturação intersubjetiva*. Não faço parte dessa segunda tendência. A meu ver, uma intersubjetividade pura como essa não existe: cada um dos termos dessa intersubjetividade remete ao intrapsíquico, ao seu psiquismo próprio. Temos de nos haver, portanto, com uma relação entre dois "intrapsíquicos" mediados pela intersubjetividade.

F. U. – *A referência às duas linhagens – uma objetal, outra subjetal – nos aproxima de outra característica do seu pensamento: o senhor articula a noção de "pulsão" com a de "objeto", considerando-as uma dupla dialética.*

A. G. – Efetivamente, penso ser preciso ultrapassar a oposição entre a teoria das pulsões e a teoria das relações de objeto. O que importa, a meu ver, como o senhor indicou, é sua articulação. Pois, ainda que situemos a pulsão como dado psíquico originário, como matriz do sujeito, ela só se desfralda na *relação* com o objeto. Nesse sentido, propus considerar o objeto como revelador da pulsão.

Evidentemente, o objeto é assim somente na medida em que nós o relacionamos com o sujeito, com a pulsão e, mais tarde, com o Eu. Mas o objeto não é algo simplesmente externo que vai vir se somar ulteriormente. O objeto tem, desde o princípio, uma dupla função: de um lado, estimular a vitalidade do sujeito, estimular e ser revelador da pulsão; de outro, promover a simbolização, a representação, oferecendo adequadamente os cuidados e regulando os ritmos entre presença e ausência – isto é, tornando tolerável a excitação porque ele a retarda. Esse adiamento demandado à satisfação não é tolerável, a não ser que o sujeito possa recorrer a uma outra cena, a cena inconsciente, na qual ele encontra, ou antes mesmo reinventa, os traços do objeto, sua representação – o que é possível para o sujeito na medida em que o objeto o ajudou a criar essa internalização que constitui o que chamo de "estrutura enquadrante", a qual surge como espaço da representação.

O objeto coloca a função objetalizante em andamento. Noutros termos, para retomar a teoria da representação, proponho justamente a ideia de que a representação, para se estabelecer, necessita do objeto. De acordo com o que chamei de "segundo modelo freudiano", sabemos que a representação não é um dado de partida, mas um resultado possível do trabalho psíquico. É nesse trabalho que o objeto é essencial.

F. U. – *Sim. E justamente em relação a essa articulação pulsão-objeto, a dupla conceitual* função objetalizante/função desobjetalizante *constitui, sem dúvida, uma das suas contribuições conceituais mais importantes. Poderia desenvolver um pouco esse aspecto do seu pensamento?*

A. G. – A função objetalizante nasceu de uma tomada de consciência: não somos feitos somente de objetos e pulsões. Por exemplo, não basta falar em identificação introjetiva ou em identificação projetiva. Nosso funcionamento enquanto sujeitos não é puramente o resultado da influência dos objetos. É também uma consequência da *criação* de objetos. Passamos a vida criando objetos. Vivemos vinculados a seres que amamos: alguns são nossos objetos primários; outros vieram mais tarde na vida, a partir das nossas escolhas amorosas; e outros provêm, ainda, da nossa evolução pessoal. Defino, portanto, a função objetalizante como a transformação das "funções" em "objetos".

A função objetalizante constitui, para mim, a formulação moderna daquilo que Freud chamou de "Eros", de pulsões de vida ou de amor. Correlativamente, a função desobjetalizante está vinculada à pulsão de morte. É ela quem desvincula, quem desune, quem faz com que o sujeito perca as características específicas do objeto. Por exemplo: Fernando. Conheço o senhor há anos, temos uma relação particular; tenho pelo senhor sentimentos muito específicos e uma certa opinião a seu respeito. Fernando é, portanto, alguém bastante definido para mim, uma pessoa muito particular. Mas se um dia eu me vir pego pela função desobjetalizante, Fernando será um entre outros, terá perdido sua especificidade, sua singularidade; e se alguém me informasse que lhe aconteceu algo de bom ou de ruim, eu responderia: e daí?

F. U. – *Pode-se dizer que há uma correlação entre simbolização e objetalização, assim como entre dessimbolização e desobjetalização?*

A. G. – Claro. Pode-se dizer isso na medida em que a simbolização tende a reunir partes separadas, a vincular e, portanto, a objetalizar. Todo investimento implica, em si mesmo e potencialmente, a função objetalizante. A desobjetalização se deve, ao contrário, a acentuar a separação, a desvinculação, a ir contra a simbolização.

F. U. – *O senhor disse que Freud se enganou sobre a questão do objeto. Poderia nos dizer um pouco mais sobre isso?*

A. G. – Bem. A questão do objeto, a importância de seu papel, é o que Freud não conseguiu compreender. Há para isso razões imediatas e pessoais: sabemos, por exemplo, que ele não gostava de estar demasiado implicado no tratamento enquanto objeto...

De um ponto de vista epistemológico, Freud necessitava, a meu ver, postular a contingência do objeto. Ele não queria que a ação analítica tivesse de depender da personalidade do médico. Isso teria significado que, se alguém fosse analisado por fulano ou beltrano, o resultado seria diferente – o que, segundo ele, colocaria em questão a validade necessariamente geral da psicanálise como método científico e terapêutico.

Mas o mais importante talvez seja sua recusa a encarar a presença de um objeto desde o começo, como fez, por exemplo, Melanie Klein. Ele queria conservar sua teoria do autoerotismo, do narcisismo primário, da descoberta do objeto, num dado momento, da noção de "perda de objeto" como fato estruturante; depois, dos reencontros com o objeto e do acesso à realidade. Esse esquema era fundamental para Freud. Se sustentamos que o Eu e o objeto existem desde o começo, então o Eu não pode se diferenciar do Isso por meio dos contatos com o objeto – não há nem organização narcísica na estruturação, nem a descoberta de objeto que disso resulta, nem homoerotismo após o autoerotismo... Em suma, não há narcisismo primário. Nós nos encontramos numa situação totalmente objetal.

Foi no que desembocamos depois de Freud, em parte porque reduzimos a reflexão psicanalítica à clínica – que Freud considerava somente uma das fontes de interrogação e de aplicação da psicanálise. Com Klein, o objeto assumiu uma importância considerável, segundo a equação simplista: analista = objeto. Como tudo é reduzido à sessão, disseram: "O objeto está presente desde o começo!". De fato, era-se incapaz de refletir sobre tudo o que se passa fora das sessões; e, por isso, a interpretação da transferência, da neurose, só pode ser: "Tudo está ligado a mim" (o analista). Se o paciente entra e diz "está chovendo", o analista kleiniano verá nisso as lágrimas da posição depressiva e pensará que o paciente está de luto por causa de sua separação na sessão passada. Em resumo, é todo um sistema de interpretação que é falseado por uma ideia reducionista da psicanálise, e cuja lamentável tendência é dar uma importância excessiva ao objeto. O objeto transferencial é superestimado na análise kleiniana.

...E quando lerem essa entrevista vão me sobrar alguns insultos! Dirão: "Green recusa a transferência". Eu não recuso a transferência, em absoluto. Considero, pelo contrário, que ela existe e que ultrapassa em muito a situação analítica. Mas não acho que remetê-la de forma sistemática ao *hic et nunc* da sessão, ao aqui e agora, seja uma solução, pois é assim que se cai numa relação pré-analítica: a atitude do analista vira uma atitude sugestiva. Em vez de lhe mostrar uma bola de cristal dizendo "Olhe fixamente!" e hipnotizá-lo, eles lhe dão interpretações hipnóticas. Prova disso é que se o paciente não diz exatamente aquilo que se espera dele, consideram-no um perverso. E isso é bem grave, porque não tem mais respiro na sessão de análise. Não tem mais esse vai e vem, esse movimento de afastamento ou aproximação de algo importante e que está em relação, ao mesmo tempo, com o que se passa aqui ou acolá, com o que ocorreu no passado, com o que se repete ou que anuncia uma fantasia concernente ao futuro.

A posição do "tudo é objeto" é perigosa. Ainda mais quando é a fonte de outra ideia perigosa: "o objeto pode ser observado". E o que temos agora? A observação de bebês, a interação precoce... Porém, quanto mais seguimos nessa via, mais tomamos o caminho pré-psicanalítico. Deslocamos o centro de gravidade da psicanálise da representação para aquilo que se supõe perceptível. Adota-se um paradigma empirista.

F. U. – *De todo modo, o senhor não é daqueles que desvalorizam o papel do objeto...*

A. G. – Claro que não! Falemos do objeto. A propósito dele, afirmo que Freud efetivamente se enganou porque ele não soube lhe atribuir toda a sua importância. Para salvar sua estratégia teórica, ele ignorou o papel estruturante do objeto, papel que nos parece evidente ao termos de nos haver com os fracassos da estruturação do psiquismo. Não é por acaso, então, que, aos olhos do próprio Freud, a partir do segundo modelo (a segunda tópica) o objeto adquire outro valor. Freud bem tinha vislumbrado a coisa em "Luto e melancolia", em que o objeto não é mais contingente, visto que sua perda revela o seu lugar estrutural. Com a segunda tópica, todos os elementos já estão, portanto, reunidos para dar um lugar diferente para o objeto. Mas Freud se deteve justo antes de fazer isso...

Não é por acaso que, a esse propósito, eu reconheça as contribuições de certos autores pós-freudianos, em particular Bion, Winnicott e Lacan. Esses autores permitem pensar coisas novas, mas sobretudo mostrar que, no que concerne ao objeto, não existe teoria unificadora. Não há e não pode haver uma teorização que unifique o objeto, pois sempre há pelo menos dois objetos: o objeto da fantasia e o objeto externo. É o primeiro problema: *não há teoria unificada do objeto*, pois não é possível unificá-lo.

F. U. – *O senhor evocou a representação, a pulsão e o objeto. Acho que um dos pontos de articulação dos três termos está ligado à sua concepção da alucinação negativa da mãe – mãe "suficientemente boa" – como fundadora da estrutura enquadrante. A saber, a ideia de que aquilo que permanece depois do encontro da pulsão com o objeto, depois da experiência de satisfação, é a estrutura enquadrante, que constitui o espaço da simbolização, da representação.*

A. G. – O senhor compreendeu bem. E tem razão em remeter a Winnicott, pois foi justamente ele que me colocou na pista. Ao falar em *holding* [sustentação], ao dizer que "O bebê, isso não existe",

Winnicott me levou a me perguntar o que são os braços da mãe. O que querem dizer *hold* [segurar] e *handle* [manejar] para o bebê que é segurado? O que isso significa? Bem, justamente: uma estrutura enquadrante. Quando se é separado da mãe, o importante não é a lembrança do seu rosto, do seu sorriso. O que conta são os traços do enquadramento que o contato do seu corpo representava. Traços que, naquele momento, instituíram um enquadramento para a representação. O rosto da mãe e seu sorriso podem desaparecer ou ser substituídos. O enquadramento permanece.

F. U. – *Poderíamos ver aí um ponto de coincidência com a ideia de "continente" de Bion.*

A. G. – Totalmente. Temos aí uma ideia que, provindo de dois autores diferentes, prova toda a sua força. Em contrapartida, na teoria de Lacan, o continente permanece do lado do significante. Pode-se dizer, decerto, que a palavra serve de continente para o pensamento. Mas, misericórdia!, isso é deixar de lado a relação da linguagem com aquilo que *não é* da ordem da linguagem e que, no entanto, é essencial. Pois é precisamente toda a questão do pensamento que está em jogo. Freud observa que a linguagem tem por função tornar perceptíveis os processos de pensamento, que, enquanto tais, são *irrepresentáveis*. Constata-se, portanto, que, se a linguagem é reduzida ao significante, como um sistema fechado em si mesmo, o que fica excluído é de uma importância crucial. Lacan tanto sabia disso que tentou resolver a dificuldade com sua teoria de "lalíngua". Só que naquela época a hipótese do modelo linguístico e do matema estava de um jeito que já não havia malabarismo capaz de tirá-la do próprio labirinto.

F. U. – *A alucinação negativa é um elemento central em sua reflexão: tanto para dar conta da constituição da estrutura enquadrante quanto do funcionamento psíquico em geral. Gostaria, então, de lhe pedir alguns esclarecimentos, começando pelo seu sentido mais geral. O que é que se alucina negativamente na alucinação negativa?*

A. G. – Falamos anteriormente da heterogeneidade, e eu disse que a passagem de um registro ao outro se faz sempre perdendo e ganhando alguma coisa. Noutros termos, no funcionamento geral, "normal", do aparelho psíquico, sempre há uma descontinuidade fundamental quando da passagem de um sistema ao outro, e isso supõe a alucinação negativa do sistema que se está deixando, antes de chegar ao outro. Tomemos, por exemplo, o caso mais claro, o da representação de coisa e da representação de palavra. Desde Saussure sabemos que a palavra não tem nenhuma relação preestabelecida com a coisa. Precisamente porque não há relação entre a coisa e a palavra, passar da coisa "árvore" para a representação da árvore não pressupõe nenhum tipo de concordância perceptiva; logo, é necessário que eu esqueça, que eu apague, que eu pare de ver a coisa para inventar a palavra. A palavra, a representação, constrói-se na ausência de percepção. Por isso, quando lhe falo das belas árvores de Buenos Aires na primavera, o senhor não precisa *ver* aquilo de que estou falando, as palavras bastam. Eis um dos exemplos da alucinação negativa normal.

A alucinação negativa não é, portanto, em si mesma, um fenômeno patológico. É o que pensa Freud. Ele tem, sobre esse assunto, uma expressão bem forte; ele diz: "A dor desvia o aparelho psíquico da percepção". É formidável! Isso quer dizer que o aparelho psíquico funciona, e é como se ele quisesse evitar uma colisão. Comparei a dor e a percepção desagradável a dois trens indo um em direção ao outro na mesma via. É para evitar essa colisão que há alucinação negativa. Nesse caso, trata-se de uma defesa.

Evidentemente, tudo isso não quer dizer que a alucinação negativa não tenha, por vezes, um papel patológico. Por exemplo, a alucinação do dedo cortado do Homem dos Lobos. Essa alucinação negativa situa todo o problema dos sonhos do Homem dos Lobos: quais serão as alucinações negativas nos sonhos? E ainda mais importante: quais serão as alucinações negativas no pensamento do Homem dos Lobos em relação às interpretações de seus sonhos feitas por Freud? Indagado por uma jornalista alemã, anos mais tarde, percebe-se que o Homem dos Lobos não entendeu nada. Ela lhe pergunta se ele acredita na cena primitiva e ele responde que não, já que a cena não estava no sonho... Um paciente que recusa a interpretação de um sonho porque o conteúdo latente não está representado nele é, efetivamente, alguém que não entendeu nada: ele quer ver a cena primitiva representada diretamente como num quadro! Aí está o gênero de confusão que se pode ter na cabeça quando de um processo de alucinação negativa dirigido contra aquilo que não se pode pensar. É o que se observa frequentemente nos *borderlines*. O *borderline* faz qualquer coisa para evitar pensar; ele está disposto a colocar a vida em perigo, contanto que não pense. Eu tinha um paciente cujo sintoma consistia em dormir ao volante. Quando veio me ver, já tinha dado perda total em três carros. Sua necessidade de alucinações negativas era tamanha que ele dormia. De resto, acaso isso não faz parte da teorização freudiana mais básica, isto é, aquela que nos explica que, no que concerne à cena primitiva, a criança está dividida entre duas tendências contraditórias? De um lado, a criança tende a dormir para ignorar o que se passa; do outro, a despertar, porque está furiosamente excitada pela curiosidade de saber o que se passa.

F. U. – *O senhor acabou de falar em alucinação negativa normal e patológica. Essas duas vertentes nem sempre são fáceis de distinguir.*

*Mas essa dificuldade aumenta quando se trata da alucinação negativa da mãe. De fato, creio haver um mal-entendido bastante generalizado que consiste em associá-la unicamente ao complexo da "mãe morta". Ora, entendo que, bem distante dessa variante patológica, a alucinação negativa da mãe tem, para o senhor, um papel não apenas normal, mas também estruturante, na medida em que se trata do mecanismo constitutivo da estrutura enquadrante. Poderia precisar um pouco esse aspecto?*

A. G. – Pois bem. Vamos colocar da seguinte forma: a neurose permitiu a Freud descobrir e descrever a normalidade. Os casos-limites nos permitem descobrir coisas relativas à psicose, mas também à normalidade. O senhor está dizendo que às vezes existe uma confusão entre a alucinação negativa *borderline*, patológica, e a alucinação como criação da estrutura enquadrante. Vamos esclarecê-las.

A alucinação negativa normal é a contraparte da realização alucinatória do desejo. É isso que é preciso compreender. Esquematicamente falando, então: realização alucinatória do desejo = alucinação positiva. Alucinação negativa da mãe = precondição da realização alucinatória do desejo. Ou, para dizer de outro modo, a satisfação alucinatória do desejo não se produz como pura positividade, mas como resultado da ausência da mãe (isto é, pela mediação do trabalho do negativo). Mas, aqui, cumpre fazer uma distinção a fim de introduzir a dimensão temporal do trauma. Como mostrou Winnicott, o bebê espera algo da mãe, e há um intervalo de tempo em que é perfeitamente capaz tanto de esperar quanto de colocar em andamento os dispositivos que lhe permitirão a realização alucinatória do desejo. Ele poderá vincular as representações, alucinar, esperar a satisfação pulsional. O problema começa quando esse adiamento se estende demais e chegamos num ponto em que a frustração é absolutamente intolerável: ela se torna traumática. A falta de satisfação e o não surgimento do objeto provocam uma sensação de solidão, de impotência e de desesperança tamanhas ("*Hilflosigkeit*", diz Freud!) que a solução alucinatória não pode emergir. É aí que a alucinação negativa se transforma. Em vez de ser a etapa preparatória da realização alucinatória do desejo, isso vira um "Não quero mais nada! Tanto faz se me satisfazem ou não; acabou. Não confio mais no mundo, no objeto, em nada! Tudo o que eu quero é destruir tudo. Destruir o objeto e me destruir!". Aí está a passagem entre as duas aceitações da alucinação negativa. No segundo caso, não há mais enquadramento interno, há apenas um caos que fez rebentar o enquadramento.

É justamente o que constatamos nos *borderlines*: algo não vai bem do lado da estrutura enquadrante.

Eis por que nunca sabemos onde estamos em nosso trabalho clínico com eles. Um dia acreditamos ter feito progresso; no dia seguinte não acreditamos mais, e é preciso começar tudo de novo...

F. U. – *Esse último comentário me inspira muitas perguntas relativamente à clínica. Por exemplo, podem-se considerar os ataques do enquadramento analítico como um indicador clínico específico desses distúrbios da estrutura enquadrante, do fracasso do trabalho de simbolização e dos ataques contra o objeto? Ademais: quais são as consequências específicas desse gênero de distúrbios para o trabalho do analista?*

A. G. – O senhor bem sabe que para responder com precisão seria preciso outra entrevista. De toda forma, vou lhe dizer alguma coisa. Como a sua própria experiência com casos difíceis deve ter lhe ensinado, as falências daquilo que chamo de "estrutura enquadrante" são estreitamente correlatas ao ataque do enquadramento. Mas esse fato não é nem simples nem unívoco, na medida em que as causas e os tipos de ataque contra o enquadramento são múltiplos. De qualquer maneira, uma correlação pode ser feita. Ainda mais quando constatamos que ela vem acompanhada, justamente, dessa rejeição radical do objeto (que pode, então, ser remetida à desobjetalização), e cuja expressão clínica máxima é a reação terapêutica negativa. Nesse sentido, a contribuição de Winnicott me parece de grande importância: essa necessidade do sujeito de destruir repetidamente o objeto é frisada em seu texto sobre o ódio na contratransferência.[5]

A questão do enquadramento permite abordar a sua segunda pergunta. Uma primeira consequência do trabalho com esse tipo de paciente no trabalho do analista é que se faz preciso estar preparado para modificar o enquadramento clássico. Por exemplo, é preciso aceitar olhá-los de frente. Ora, isso (que corresponde à necessidade, às vezes imperiosa, que o paciente tem de "nos ver", de garantir nossa presença) nos orienta. Isso nos assinala justamente sua dificuldade em se engajar naquilo que a posição clássica, de "ausência" do analista do campo visual, busca promover – a saber, o trabalho de representação. A representação opera sobre a ausência. Então, quando esse trabalho é entravado, quando o irrepresentável encurrala o sujeito, isso nos indica algo que terá consequências específicas no trabalho do analista: será particularmente necessário que ele realize um trabalho de figuração, de imaginação. Para chegar a isso, o analista deverá descobrir as formas loucas de pensar do paciente – o que chamei de sua "loucura privada" – e suportá-las, colocando em ação a sua própria capacidade de elaboração e criando o espaço potencial capaz de acolhê-las. O processo analítico com esses pacientes é, portanto, possível, contanto que o analista esteja pronto para colocar ali sua própria capacidade de

---

[5] Winnicott (1947).

elaboração, de imaginação e de figuração. Como frisa Winnicott, ele deverá então ser, antes de mais nada, capaz de sobreviver.

F. U. – *O senhor falou do espaço potencial em relação ao trabalho do analista, da sua capacidade de pensar e de imaginar. Poderia articular essas ideias com a noção de "processos terciários"?*

A. G. – O valor dos processos terciários para o trabalho do analista permanece capital, em particular com os casos-limites. Na medida em que o analista se vê confrontado com modalidades diferentes de pensamento, são justamente os processos terciários do analista que lhe fornecerão uma base de trabalho.

Se quiser um precursor indubitável dessa noção, vai encontrá-lo no artigo de Bion sobre os ataques contra o vínculo.[6] Só que Bion não desenvolveu uma *teoria do vínculo*. Por isso eu fiz!... E isso dá no que chamo de "processos terciários". Na situação analítica (principalmente com os casos-limites), são eles que nos indicam se o processo analítico é suscetível de caminhar; eles nos permitem avaliar a possibilidade (ou a impossibilidade) de engatar esse trabalho de vinculação e de simbolização que é o processo terciário. Bion fala dos ataques contra o vínculo, mas eu vou um pouco além, ao afirmar que se trata de uma *atitude ativa de desinvestimento*. É o que se produz na compulsão à repetição mortífera, que procura impelir a análise para a estagnação e a morte, e que o analista percebe como uma colocação em xeque da sua própria capacidade de vincular e de representar, um fracasso desses processos terciários que lhe permitem pensar o que acontece – e o que acontece com ele – na análise.

---

6   Bion (1959).

F. U. – *Parece-me oportuno concluir com uma pergunta sobre os processos terciários. Com esse conceito, é como se, diante do irrepresentável e dos fracassos da simbolização, chegássemos ao outro lado da linha – aquela constituída pelo espaço da representação –, ao seu funcionamento ótimo... O senhor poderia, então, precisá-lo mais? Talvez porque só muito recentemente foi feita uma tradução para o espanhol do texto em que o senhor o apresenta, é um conceito pelo qual se percebe o interesse, mas que não me é totalmente claro.*

A. G. – Efetivamente, a noção de "processos terciários" provém de um pequeno artigo de seis páginas, disponível em espanhol na tradução de *Propédeutique* [Propedêutica].[7]

Considero que a noção de "processo terciário" é teoricamente necessária, pois ela explica aquilo que permite passar dos processos primários aos processos secundários, e vice-versa. Os processos terciários são caracterizados pelo fato de não terem materialidade. Não se pode dizer deles o que se diz do sonho (que é o domínio das representações de coisa) ou da comunicação transferencial (que passa pela linguagem). Não se pode atribuir a eles um substrato material. Os processos terciários são apenas processos de vinculação; eles permitem a comunicação e a passagem de um sistema a outro. São, igualmente, aqueles que entram em jogo no próprio funcionamento da sessão analítica, e que devemos postular para prestar contas do que ali se produz. O paciente vem, diz que teve um sonho, conta, depois associa. É preciso se perguntar o que lhe permite passar de um registro ao outro. E o mesmo para o analista: ele escuta o sonho, que o faz pensar num outro sonho contado pelo paciente há cinco anos, ou no que o paciente disse sobre a mãe dele no decorrer da última sessão.

---

7 Publicado, em 1995, em Buenos Aires. Cf. Green (1972), para a obra em francês.

Para terminar, vou lhe contar algo que pensei muito recentemente e que não aparece em nenhum artigo. Concluiremos, então, com um "inédito". Não tinha consciência disso quando formulei, mas, definitivamente, pode-se dizer que *a noção de "processos terciários" constitui a descrição de uma transicionalidade interna, intrapsíquica.* Isso nunca foi dito. Penso que se trata de uma transicionalidade interna que permite ao sujeito estabelecer vínculos tanto no plano da lógica da realidade quanto das lógicas da fantasia e do inconsciente, bem como entre as diversas lógicas, elas mesmas. Essa é a plasticidade própria aos processos terciários.

# 3. O pensamento clínico
## Renovar os fundamentos da técnica: o enquadramento externo e o enquadramento interno[1]

*Paris, setembro de 2001*

F. Urribarri – *O interesse pelos desafios da clínica contemporânea, pelos limites da analisabilidade, é uma constante da sua obra. Poderíamos dizer que o senhor enfrenta o desafio de continuar sendo freudiano com pacientes-limites? O senhor não tenta, no fundo, permanecer freudiano com pacientes que, por assim dizer, não o são?*

A. Green – É verdade, e isso faz com que eu me lembre deste paradoxo de Winnicott: com as estruturas não neuróticas é preciso parar de ser freudiano de uma maneira freudiana. Pois não há nenhum sistema explicativo mais rico e mais complexo que o pensamento freudiano. Nenhum outro é capaz de dar conta da heterogeneidade, da conflitualidade, do dinamismo do psiquismo. É nesse sentido que tento mostrar o quanto são empobrecedoras essas tentativas de substituição do modelo freudiano, essa

---

[1] Este diálogo se inscreve numa série de sessões de trabalho que serviram para preparar a escrita das *Orientações para uma psicanálise contemporânea* (Green, 2002). O excerto reproduzido aqui retoma partes importantes que não figurarão na obra; ele foi apresentado no seminário de André Green, em 6 de fevereiro de 2002, na SPP.

rejeição da pulsão como dado fundamental, essas elaborações centradas nas relações de objeto ou na linguagem... Todos esses elementos devem, juntos, se reinscrever num pensamento freudiano contemporâneo.

Minha reflexão consiste, antes de mais nada, em lutar contra as reduções simplificadoras. Em psicanálise, o elemento simples já é um composto. A pulsão é a matriz do sujeito, mas o objeto é seu revelador. Juntos constituem um par, *pulsão-objeto*, que está na base do psiquismo. O átomo psíquico, por assim dizer, contém, de saída, o *conflito*.

Sem dúvida, a representação e o sentido permanecem uma referência primordial, mas constato que ninguém depois de Freud serviu-se tão resolutamente da noção de *força* para o "pensamento clínico". Tento imaginar o movimento da sessão como um efeito do encontro analítico determinado pelo enquadramento – imaginar a irrupção pulsional e o contrainvestimento, o trabalho do negativo que provoca um deslocamento associativo em direção a elementos mais ou menos significativos. A escuta analítica busca a inteligibilidade do material fora de toda linearidade, numa rede de sentido arborescente determinada por sua conflitualidade radical.

F. U. – *A produtividade do discurso na sessão dependeria de uma escuta que pudesse reconhecer que a fala analítica não é só determinada por um sentido latente (na representação inconsciente), mas por uma virtualidade significativa (do movimento pulsional) que pode dar lugar à criação ou à destruição da significação.*

A. G. – Exato. Para a psicanálise, a metaforização e a poiésis do sentido são indissociáveis de sua determinação pela força, seu enraizamento no corpo. É a força e o sentido: há uma heterogeneidade fundamental. Se existe pensamento clínico, ele deve ser um pensamento do heterogêneo, do dinâmico. O que é interessante, então, não é só caracterizar uma estrutura do ponto de vista psicopatológico, mas observar suas transformações, positivas ou negativas, espontaneamente ou pelo efeito do tratamento.

F. U. – *Escutando-o a propósito do pensamento clínico, me indagava qual ligação o senhor poderia estabelecer com aquilo que chama de "pensamento louco" do analista, aquele que torna possível o trabalho nos limites da analisabilidade, no frente a frente com a loucura privada.*

A. G. – A clínica psicanalítica inaugura uma maneira de pensar radicalmente original. Ela cria um novo campo epistemológico. Não temos somente uma teoria da clínica (uma técnica), temos também um pensamento clínico: um modo original e específico de racionalidade que emerge da experiência clínica e, ao mesmo tempo, é responsável por sua fundação. Essa circularidade recursiva, como o senhor sabe, não é outra coisa que não aquela que é descrita pela epistemologia complexa de Edgar Morin. Contra as tendências reducionistas que têm o costume de extrapolar ou de importar, para a clínica, os parâmetros de outras disciplinas, devemos postular sua especificidade irredutível. É a isso que responde, primeiramente, a noção de "pensamento clínico". Depois, visa também a prestar contas do funcionamento do analista na prática contemporânea. Por isso é possível que o pensamento louco corresponda ao núcleo dinâmico, criativo, do pensamento do analista em sessão com as estruturas não neuróticas.

O senhor tem razão em frisar que há, na minha obra, uma tentativa de pensar o mundo das estruturas não neuróticas de uma maneira freudiana, mas contemporânea – diferente de Bion, de Winnicott ou de outros. Sem ignorar essas contribuições, parto de elementos cujos germes Freud havia plantado sem, no entanto, desenvolvê-los. É evidente que o convívio com pacientes-limites nos obriga a descobrir maneiras de pensar diferentes daquelas da neurose, até mesmo da psicose. Maneiras que Freud divisou, por exemplo, na renegação.

Para dar conta do funcionamento-limite e analisá-lo, o pensamento louco do analista é necessário. Isto é, para começar, uma tolerância da parte do analista para com os pensamentos loucos do paciente e para com os seus próprios. Depois, certa disponibilidade para elaborá-los. E a capacidade de desvincular e revincular suas próprias ideias para tornar figuráveis as impulsões arcaicas, as cenas tão repetidas quanto impensáveis... Não há elogio maior que o de um paciente que me diz: "O senhor é louco!" ou "Tenho um analista louco!". É como o "Não é a minha mãe!" da negação em Freud. Para além da rejeição superficial, há um reconhecimento da fecundidade da comunicação analítica.

F. U. – *Uma das consequências da clínica contemporânea com as estruturas essencialmente não neuróticas é colocar em questão o enquadramento analítico. Para abordar suas variações possíveis, o senhor diz que é necessário revisar e estender a própria noção de "enquadramento".*

A. G. – Eu tenho uma ideia do enquadramento, que estou tentando elaborar, e que consiste em distinguir duas regiões: a "matriz ativa" e o "escrínio". A matriz ativa é a parte dinâmica do enquadramento, a parte que adoraria poder chamar de *constante* – aquela que, em todos os casos, deve ser objeto de uma atenção permanente. Ela é de natureza dialógica e constituída de dois polos: do lado do paciente, é a associação livre; do lado do analista, é a atenção flutuante. Trata-se de um par, de uma dupla que caracteriza o funcionamento fundamental do trabalho analítico, seja qual for a sua forma. O essencial do trabalho analítico é o funcionamento em par que põe em contato os mundos psíquicos do paciente e do analista. Aí está o núcleo fundamental do método analítico: ele se desenvolve de forma ótima no "tratamento clássico" das estruturas neuróticas, mas continua a ser o modelo de base e a referência para a qual se tende, para além das possíveis variações técnicas, mudanças de dispositivos ou de escrínio.

Noutros termos, a fração constante se combina com a variável, o escrínio. É ele que abriga a matriz ativa, como uma joia é protegida pelo seu estojo. O escrínio corresponde a todas as disposições materiais e formais do enquadramento; e, visto que é a sua fração variável, evidentemente, ele tende a variar. Decerto é no tratamento clássico, concebido para as estruturas neuróticas, que as duas frações se harmonizam melhor. As variações do enquadramento (e da técnica em geral) têm um sentido preciso: o de criar as condições de possibilidade do trabalho de representação, do funcionamento da matriz dialógica. O recuo em direção às indicações do tratamento clássico significa o risco de um empobrecimento da psicanálise. Ao contrário, um maior rigor conceitual aplicado às variações do enquadramento (o que se chama de "psicoterapia psicanalítica") permite estender a psicanálise às estruturas não neuróticas. Nessa ótica, parece-me interessante explorar, desenvolver, uma noção como a de "enquadramento interno do analista".

F. U. – *Essas ideias me fazem pensar em outras das suas formulações, com as quais seria interessante aproximá-las. Por exemplo, sua proposta de distinguir, em Freud, dois modelos suscetíveis de nos fazer compreender o campo clínico contemporâneo: o "modelo do sonho" e o "modelo do ato". O modelo do sonho estaria ligado à primeira tópica freudiana, ao desejo inconsciente – e, correlativamente, ao campo clínico das neuroses. O modelo do ato, associado à segunda tópica e ao segundo dualismo pulsional, corresponderia à clínica das estruturas não neuróticas.*

A. G. – Pode-se, sem dúvida, explorar essa extensão dos modelos de Freud para articular a teoria e a clínica atuais. Indiquei, há tempos, a homologia conceitual entre o espaço analítico e o espaço do sonho. Ainda que não o teorize dessa forma, Freud criou o enquadramento analítico nos moldes do sonho. A posição reclinada, a suspensão da motilidade, a delimitação da percepção (por causa da posição do analista, fora da vista do paciente, e do ambiente estável): todos esses fatores produzem uma situação análoga ao sonho, cuja função é permitir (com o arrefecimento da censura) que a associação livre se desfralde o mais próximo dos processos primários. É por isso que escrevi que a especificidade da linguagem na análise provém do fato de que se trata de "uma fala deitada.... Uma fala dirigida a um destinatário subtraído".[2]

F. U. – *Eu me recordo de outra definição sua, complementar: "A fala analítica desenluta a linguagem".[3] Essa especificidade dinâmica da fala analítica seria o resultado do superinvestimento transferencial do discurso pelo efeito do enquadramento que cria as condições para a sua interpretação.*

A. G. – Totalmente. Seguindo seu modelo do sonho, Freud abordava clinicamente a relação Cs-Ics como uma tríade: sonho/relato do sonho/interpretação. Nessa tríade se assenta o tripé do modelo clínico clássico (o da análise da neurose de transferência): enquadramento/associação livre/interpretação. Esse modelo, presente na primeira metade da obra de Freud, tem sua origem numa série de ideias ou de eixos conceituais em torno da neurose, a qual

---

2 Green (1973, p. 310).
3 Green (1983b, p. 132).

delimita o território inicial da análise. A perspectiva implícita do processo se apoia então no tripé: neurose infantil/psiconeurose/ neurose de transferência. A oposição paradigmática entre neurose e perversão – isto é, a ideia da neurose como negativo da sexualidade perverso-polimorfa – centra a escuta na sexualidade infantil recalcada.

O sonho ganha, então, valor de modelo ou de referente para uma clínica da neurose determinada pela decifração do inconsciente e dos avatares do desejo. Falar do desejo inconsciente é falar de representação. O sonho é um modelo da compatibilidade e da articulação entre representações de coisa e representações de palavra. Sua decifração pela via da linguagem funda a interpretação e o método analíticos.

F. U. – *A representação é um dado de partida do modelo do sonho. Um dado de base.*

A. G. – Esse modelo supõe a eficácia da representação, sua faculdade de orientar a pulsão, de articulá-la enquanto desejo por meio da fantasia inconsciente (composta de representações de coisa). É a capacidade de vincular representações de coisa e de palavra, ultrapassando a compulsão à repetição por meio de uma simbolização perlaboradora. O paciente que age em vez de se lembrar faz isso segundo o roteiro da fantasia atualizada na transferência, "transferida" para a relação analítica. A transferência é analisável pelo fato de a repetição ser comandada pelo princípio do prazer colocado em cena e organizado na fantasia.

F. U. – *Teoricamente, e tecnicamente, tudo isso é posto em xeque com a entrada em cena da compulsão à repetição mortífera, da pulsão de morte, dos traumas precoces pré-verbais, dos mecanismos de defesa arcaicos.*

A. G. – O próprio movimento da obra de Freud pode ser compreendido nesse sentido. A virada dos anos 1920 é a consequência da descoberta dolorosa da compulsão à repetição mortífera, da reação terapêutica negativa, do sonho traumático. A "resposta" de Freud é a conceitualização da pulsão de morte e da segunda tópica, as quais implicam justamente um além da representação. A grande referência torna-se a moção pulsional. A radicalização da força explica a passagem de uma tópica à outra. No Isso não haverá mais representações, somente moções. Então a representação torna-se apenas *um dos destinos possíveis* da moção pulsional, que dependerá da via elaboradora, do emaranhamento da pulsão. A alternativa principal será a descarga evacuadora, o esgotamento do aparelho segundo o modelo do ato (oposto à ação específica). Assim, ao fazer surgir o irrepresentável no campo analítico, o ato adquire valor de modelo para a compreensão do funcionamento psíquico. Doravante, o trabalho analítico não parte mais da representação, ele *tende para* a representação: ele visa tornar figurável (pensável) o irrepresentável, a compulsão mortífera.

A clínica com pacientes não neuróticos exige um modelo específico, um modelo estendido que leve em conta não só o valor de base do modelo do sonho (e do enquadramento e da representação), mas também a possibilidade de pensar o irrepresentável, de abordar os defeitos de estruturação e de funcionamento. Nesse sentido, se propus um "modelo do ato", foi justamente no intuito de compreender o funcionamento dos casos-limites. E, mais geralmente, com a finalidade de pensar as rupturas do enquadramento em relação aos impasses do funcionamento representativo, quando a dinâmica evacuadora do ato *(Agieren)* determina a dinâmica de transferência. Não se trata de uma ação que substitui a lembrança repetindo inconscientemente um roteiro fantasístico, sexual e recalcado. É um *ato dessimbolizante*. É a expressão de um fracasso da fantasia inconsciente, que não consegue vincular as pulsões. As pulsões destrutivas vão então provocar estragos na capacidade de vincular e de representar – e, por isso mesmo, de associar e de analisar. Não somos mais confrontados com o retorno daquilo que foi secundariamente recalcado, mas com o retorno do renegado, do forcluído... Contra um "objeto-trauma" que ameaça suas bases narcísicas, o sujeito se defende de forma autodestrutiva: ele desinveste seu próprio funcionamento, ele desobjetaliza.

F. U. – *A referência ao objeto-trauma faz com que me lembre de outra ideia sua, ao mesmo tempo próxima e diferente: o senhor pensa que, para esses pacientes, a própria situação analítica é vivida de forma traumática. O enquadramento deixa, então, de ser utilizável.*

A. G. – O senhor está tocando num ponto fundamental. Vejamos, por exemplo, o que chamei recentemente de "síndrome de desertificação mental". Diante de certo número de pacientes que vieram me ver depois de várias experiências frente a frente, tive comigo que, muito provavelmente, ninguém havia tentado analisá--los, e que talvez isso valesse a pena ser feito. Eu lhes propus, então, que se reclinassem sobre o divã e constatei uma coisa que havia sido totalmente mascarada pela situação frente a frente: ainda que se sinta a atividade psíquica pulsional combustível por trás da produção aparente, não assistimos – diferentemente do que se poderia pensar, dada a estrutura desses pacientes – a um desenvolvimento de uma intensidade excepcional das projeções. Ao contrário, assistimos a essa síndrome de desertificação mental: o paciente cai numa espécie de deserto anobjetal. De fato, o que se produz é uma espécie de subversão ou de inversão dos postulados de base da situação analítica. Quero dizer que o objetivo de Freud ao inventar a situação analítica era favorecer a associação livre, permitir que o funcionamento psíquico se aproxime o máximo possível dos processos oníricos. O problema era chegar a um funcionamento suscetível de se livrar, ao menos em parte, do peso das defesas e do recalcamento. Em contrapartida, o que se produz aqui, com os casos que descrevi, é que, em vez de obter um desfraldamento associativo, encontramos uma retração do indivíduo, à imagem do caracol que se fecha em sua concha. Evidentemente, pode-se refletir e dizer que, nesses casos, talvez o analista seja vivido como um potencial agressor. Mas não é isso que os pacientes, eles próprios, sentem. Sua sensação é a de que não há ninguém. O deserto objetal é absoluto! Observamos aqui, portanto, uma modalidade desestruturante do trabalho do negativo: produz-se uma negativação do objeto a partir da qual esses sujeitos negativam sua própria unidade interna. Não há mais nada. Tudo é vazio. Nada mais tem sentido, nada se vincula. Nessas circunstâncias pode-se supor que estamos lidando com o terror. O essencial, em todo caso, é que não há nem liberdade nem fluxo associativo; e que, quando os pacientes conseguem sair desse estado, falam dele como um estado de vazio – uma espécie de deserto psíquico. Parece-me interessante isolar essa síndrome, pois talvez haja frequentemente, por trás da impossibilidade de tolerar o enquadramento, o divã, uma tentativa de se defender do perigo da desertificação. É uma manifestação da diversidade dos funcionamentos psíquicos, os quais podem impedir a utilização do enquadramento.

F. U. – *Há tempos o senhor escreveu que "o sujeito é o que resta quando o objeto se retirou". Talvez pudéssemos reformular essa ideia, dizendo que, aqui, a questão se torna: "O que resta do sujeito (analisante) quando o objeto (analista) se retira?".*

A. G. – Claro. O fato de que o analista se encontra fora do contato visual produz um efeito inconscientemente aterrador. Como se os objetos primários nunca se tivessem deixado transformar. Para que o "objeto transformacional" ajude a transformar, deve começar por se deixar, ele próprio, transformar – o que, nessa síndrome, parece inconcebível. O enquadramento clássico é posto em xeque, pois o próprio funcionamento do paciente está em xeque. Para desbloquear o processo, é necessário introduzir mudanças importantes no enquadramento, tanto no plano do escrínio (mudança de posição física, de frequência das sessões etc.) como no da matriz dinâmica (adaptar o diálogo analítico à situação, modificar o investimento e a escuta da comunicação verbal e não verbal, bem compreender que as intervenções não interpretativas ganham em importância etc.). Do lado do analista, mesmo, ele deve estar pronto para se deixar afetar por uma intensidade toda particular.

F. U. – *A conversa está nos levando para o tema teórico e técnico do trauma nos pacientes não neuróticos, e para a questão dos limites da atividade transformadora do analista...*

A. G. – Estamos falando de pacientes que vivem como tendo sido terrivelmente traumatizados. Isso atiça, neles, aquilo que chamo de "reivindicação da inocência". É sempre "o outro que me fez isso", nunca foi o sujeito que desejou ou fez algo ou que se sente culpado por ter feito ou desejado algo. "Foi o que o outro introduziu em mim", diria Ferenczi. Nessas condições, a análise jamais chegará a ser um colocar-se a si mesmo em questão. Nesses pacientes – explica, mais uma vez, Ferenczi – observa-se um verdadeiro "terrorismo do sofrimento". Inconscientemente, eles sentem que têm direito à vingança e à destruição. Porém, isso suscita no analista sentimentos e fantasias sacrificiais, o que traz sérios problemas. Foi por cair nessa armadilha sacrificial que Ferenczi criou a técnica ativa, a "análise mútua". E, em parte, isso provém de uma *avaliação externa do trauma*, de uma ênfase posta na imagem monstruosa do objeto, nos seus defeitos horríveis.

Do ponto de vista freudiano, todavia, o trauma deve ser julgado a partir, sobretudo, de seus efeitos intrapsíquicos: ele se constitui, no aparelho psíquico, como um bloco independente do resto e resistente à mudança. A questão deve, primeiramente, ser pensada em termos de rastros deixados pela experiência: suas maneiras de se inscrever e suas relações (insuficientes, sobrecarregadas, por definição) com a pulsão. De outro modo, a consideração necessária do papel do objeto ou do ambiente nos conduz a absurdos primeiramente teóricos, depois clínicos. A chave é ver "o que fizemos do que nos fizeram".

Em Winnicott encontramos um equívoco comparável ao de Ferenczi, quando ele sustenta que, para os *borderlines*, a única forma de reparar essa brecha escancarada no Eu do sujeito é permitir que ele tenha a experiência da destruição do objeto e deixar atuar a função da mãe suficientemente boa que acabará por se impor e ocupar o lugar do objeto interno ruim. Minha própria evolução me fez constatar que isso não se sustenta e, sem diminuir a minha admiração por Winnicott, estimo que aqui ele se engana. A meu ver, não basta manter a imagem da boa mãe nem aceitar a expressão da destrutividade (que é preciso poder tolerar, evidentemente). O processo que Winnicott descreve não é o suficiente para produzir as transformações necessárias. Do meu ponto de vista, a única alternativa do analista é mostrar ao paciente aquilo que o paciente está (se) fazendo. O analista deve conservar sua função interpretativa, assumindo e favorecendo a reflexividade: ele deve tentar tornar acessível ao paciente a representação dessa destrutividade que ele descarrega contra si mesmo.

F. U. – *Creio que algumas das suas ideias desempenham um papel importante nessa discórdia com Winnicott: sua concepção do narcisismo negativo como agente de uma destrutividade dirigida contra o próprio pensamento; e, notadamente, suas posições relativas às fixações narcísicas negativas e ao "ódio de si" que resulta dessa paradoxal "fixação odiosa ao objeto".*

A. G. – Há um ódio de si que deriva da indiferença, até mesmo do ódio, da parte do objeto primário. Uma de suas consequências para o sujeito é o paradoxo da fixação odiosa ao objeto frente à impossibilidade de uma separação primária estruturante. Esse ódio de si tende à expulsão, à evacuação dos processos psíquicos.

F. U. – *E aqui o senhor atribui um papel central à alucinação negativa patológica, como movimento defensivo automutilante do pensamento. Essa alucinação negativa provoca o curto-circuito da capacidade de reconhecimento e da reflexividade, que são as próprias condições do pensamento e da subjetivação. Se, nas estruturas neuróticas, essas condições existem, sua produção ou consolidação é, em contrapartida, um dos objetivos da análise dos casos-limites.*

A. G. – Sim, a importância da reflexividade e da sua colocação em xeque nessas estruturas é incontestável. Isso é subjacente à necessidade de trabalhar frente a frente.

F. U. – *O dispositivo frente a frente poderia se caracterizar justamente por uma delegação inconsciente da reflexividade do paciente ao analista.*

A. G. – Isso me faz pensar numa paciente cujo caso abordei em vários escritos, e que me dizia: "Quando me olho no espelho, não vejo nada!". De fato, ela via vagamente que havia algo ou alguém, mas não se reconhecia nisso. E ela dizia uma outra coisa muito impressionante: se sua imagem no espelho era refletida num segundo espelho (como em certos cômodos contíguos do seu apartamento, entre a biblioteca e a sala de jantar), então ela conseguia se ver. Esse segundo espelho funcionava como um olhar, digamos, da mãe. E era o único momento, em se sentindo olhada pela mãe, que ela podia se ver, se reconhecer. Depois de muitos anos de análise, voltando a tudo isso, ela me disse: "Quando não vejo nada no espelho, é porque eu me detesto. Não consigo aceitar me reconhecer nessas condições". O que se passa aqui é muito importante: vemos uma modalidade desestruturante do trabalho do negativo, que desfaz o autoinvestimento narcísico; impede a reflexividade, a representação de si e o reconhecimento – "Não consigo me reconhecer nessa imagem porque me detesto!".

F. U. – *É difícil, em termos teóricos e técnicos, de distinguir o ódio de si do ódio do objeto primário.*

A. G. – "Eu me odeio demais" e "Eu odeio demais essa mãe que não me vê" entrecruzam-se num jogo de espelhos. É uma ambiguidade que deve ser aceita. Antes de ser interpretada, ela deve ser pensada pelo analista, de modo que ele possa oferecer, para si próprio, uma certa perspectiva. Esse distanciamento do analista é indispensável para que ele não caia na ação, na contraofensiva interpretativa. Fazendo uma leitura ou uma interpretação transferencial direta ("É a mim que ela odeia demais!"), aspectos essenciais se perdem nesse atalho: por exemplo, o fato extraordinário de que essa paciente possa me dizer o que ela está me dizendo. Ela supõe, portanto, que posso escutá-la, que continuo a vê-la! E se, justamente nesse momento, eu me confundo com a mãe que não a olha, perco a dimensão progressiva, transformadora, presente no investimento libidinal que representa a possibilidade de fazer uma confissão como essa. Logo, por um lado, é indispensável conservar a função interpretativa; por outro, é preciso prestar atenção e julgar com bastante fineza o momento de fazer intervir uma interpretação transferencial direta.

Quanto à interpretação, é preciso que o analista a dê, primeiro, para si mesmo, garantindo assim um espaço de pensamento em que seja possível acolher e elaborar as projeções do paciente. Quando isso não acontece, o analista perde a calma, cai no realismo, tenta explicações, repreende o paciente por sua teimosia. Ele se zanga e se desespera porque o paciente rejeita e destrói as interpretações. Mas, infelizmente, isso era previsível. É preciso que estejamos prontos para sermos atacados em nossa capacidade de compreender e de interpretar. Nesses casos, não funcionam nem as interpretações profundas de estilo kleiniano, nem a escansão do significante à lacaniana. A interpretação deve passar do plano do conteúdo para o do continente, do estruturado para o estruturante.

F. U. – *A interpretação dos dois níveis exige uma concepção da interpretação como processo interpretativo, como processo dialógico cujo agente é a dupla analítica.*

A. G. – A interpretação se torna mais um processo dialógico que um ato unilateral. Mais que achar *a interpretação precisa*, devemos primeiro *sustentar a relação*, mantendo viva em nós a função interpretativa. O paradoxo é que isso permite ao analista um distanciamento que torna sua identificação com o paciente utilizável. Em última instância, esse distanciamento é a essência da neutralidade analítica, que constitui o fundo sobre o qual se inscreve ou se recorta a interpretação. A neutralidade não é, portanto, nem a abstenção nem a frieza. A neutralidade e o distanciamento são o que exprime e introduz a terceiridade na relação analítica. São o que permite que o investimento e o engajamento do analista não virem o canibalismo da dualidade.

F. U. – *E como o senhor situa a questão da interpretação em relação à terceiridade?*

A. G. – A questão do terceiro não é da ordem aritmética, mas lógica. O terceiro é o iniciador de um movimento de abertura, de busca de sentido. Quando eu era mais jovem, antes mesmo de descobrir Peirce, havia falado de uma "triangularidade generalizada com um terceiro substituível". Noutros termos, a terceiridade é a função que abre a possibilidade da substituição, inclusive a substituição desse terceiro que pode estar representando essa função. Sempre há um terceiro que representa algo para um dos implicados. Nas estruturas não neuróticas, o trabalho do analista visa a estabelecer a plena funcionalidade dessa terceiridade que a transferência-limite tende a bloquear.

Em relação ao próprio processo da interpretação, para além da estrutura do paciente, é preciso concebê-lo em três tempos. O primeiro é um tempo de preparação, em que se estabelecem as condições para que o paciente venha a reconhecer a interpretação. O movimento da sessão tem seu tempo próprio, que o analista percebe avaliando a resistência (que, em certos casos, corresponde ao recalcamento; e, noutros, à destrutividade). O segundo tempo é o da verbalização do lado do analista, e do silêncio e da transformação interna do lado do paciente. O terceiro tempo é o das modificações no pensamento e na ação do paciente.

F. U. – *O senhor afirmou que nas situações-limites, quando da análise das estruturas não neuróticas, o processo será sustentado pelo enquadramento interno do analista. Poderíamos pensar que o trabalho analítico correspondente ao modelo do ato se apoia num tripé diferente daquele que o senhor propôs para a neurose (enquadramento/sonho/interpretação). Ele poderia ser: enquadramento interno/jogo/representação (ou interiorização). Mais que substituir o modelo do sonho, esse tripé viria completá-lo e possibilitá-lo, pois ele nos forneceria as condições de possibilidade do processo analítico: o enquadramento é sustentado pelo enquadramento interno do analista; o sonho como trabalho intrapsíquico de simbolização se apoia no jogo (o diálogo) como criação intersubjetiva das condições de possibilidade da simbolização; o trabalho de representação (ou de interiorização), como processo de base da subjetivação, possibilita a interpretação ou a construção.*

A. G. – O senhor está propondo aí uma elaboração totalmente pertinente. Ela dá a ver como o pensamento clínico se abre para a heterogeneidade dos funcionamentos psíquicos. Já dissemos que entre sonhos, neuroses e transferência analisável existe uma estreita solidariedade. O essencial é o gênero de regressão (tópica) que aproxima *sonho* e *funcionamento psíquico* durante a sessão. O senhor fala também do jogo. Precisamente, Winnicott estava sobretudo preocupado com certas formas de regressões que ultrapassavam os limites das regressões tópicas e colocavam em cena regressões dinâmicas e temporais – nas quais certos pacientes modificavam o enquadramento (visto que, de outro modo, seriam incapazes de utilizá-lo). Constata-se, então, que o nascimento do conceito de "enquadramento" (devido, em grande parte, a Winnicott) é quase contemporâneo de sua colocação em questão. A aceitação e o emprego do enquadramento são os corolários da aptidão do paciente para jogar com o analista. Com Winnicott, o jogo substitui o sonho como paradigma. A questão fundamental é: o que acontece quando o paciente não é mais capaz de associar livremente? A possibilidade de chegar à simbolização e à elaboração demandará ao analista um trabalho suplementar. É essa a razão do meu interesse, como o senhor frisou, pelo enquadramento interno.

A heterogeneidade se introduziu no pensamento clínico quando nós tomamos consciência de que o enquadramento não era viável para um grande número de pacientes. Uma vez que o enquadramento não funciona, pode-se dizer que ele não é mais um conceito partilhado entre o paciente e o analista: ele se torna uma noção interna ao analista. É o analista que deverá avaliar o que ele escuta em conexão com uma brecha no funcionamento do enquadramento (que só ele pode perceber e compreender). Agora, como o senhor apontou, é o enquadramento interno do analista que permite que o enquadramento varie para manter o seu papel no processo.

Nessas condições, é inútil buscar a unidade do campo analítico do lado dos pacientes, já que nos demos conta de que sua diversidade exige abordagens muito diferentes, até mesmo a renúncia a diversos aspectos do enquadramento, entendido como escrínio. Quanto menos o enquadramento clássico funciona, mais chego a pensar que a unidade do campo psicanalítico não pode se situar noutro lugar além do analista, *em seu pensamento clínico*.

O enquadramento interno, ao que me parece, é o resultado da interação de dois fatores. O primeiro provém da análise do analista, que fez com que ele vivesse a experiência de um enquadramento "externo" realizado, efetivo, com seu próprio analista. O segundo é a experiência do analista com seus próprios pacientes. Acumulada, essa experiência acaba por provocar um descentramento em relação à sua própria análise, e isso lhe permite verificar que aquilo que ele viveu se reproduz com certos pacientes, ao passo que as coisas podem se apresentar de maneira muito diferente com outros.

Pode-se dizer que a escuta analítica é, em si mesma, uma metaforização do enquadramento. É por isso que, uma vez preservada a escuta analítica, é também preservado o que a vincula ao enquadramento, ainda que outros elementos estejam nele ausentes. Com as estruturas não neuróticas, o enquadramento interno do analista é indispensável para a instauração de um diálogo e de um espaço potencial que permite a passagem da repetição mortífera para a representação, deixando lugar a um processo de transformação (e até mesmo de estruturação) subjetiva.

F. U. – *Penso que sua teoria do enquadramento (de agora em diante estendida e articulada com a noção de "enquadramento interno") parte do modelo fornecido pelo conceito de "estrutura enquadrante".*

A. G. – É verdade. Isso porque, na ideia de "enquadramento interno", há "algo" que não é da ordem apenas do intrapsíquico, e é justamente esse algo que permite a integração do intrapsíquico e do intersubjetivo. Retomando a definição da estrutura enquadrante, pode-se dizer que o enquadramento interno é também uma interface entre o intrapsíquico e o intersubjetivo. Seu fundamento talvez não seja diferente da estrutura enquadrante do analista, que, por meio de sua análise, torna-se a fonte de uma nova reflexividade, o suporte do enquadramento interno. Se definimos a estrutura enquadrante como aquilo que permite constituir a singularidade (a separação do outro e a autorreferencialidade), pode-se pensar que o enquadramento interno constitui, por meio da análise pessoal do analista, uma matriz aberta à singularidade do outro, à sua alteridade radical. Empregando teorias filosóficas, pode-se pensar nas passagens e nas articulações entre o *em si*, o *para si* e o *para outrem*.

A experiência da análise nos mostra que a admissão *desse outro* ou *daquele outro* que está em nós permite, em certa medida, que nos identifiquemos com *outros*, outros sujeitos que têm estruturas psíquicas muito diferentes das nossas. Creio que essa aptidão (nos planos reflexivo e afetivo) faz parte do enquadramento interno, dessa matriz simbólica que pode acolher aquilo que lhe parece muito estrangeiro.

Desse ponto de vista, o enquadramento interno se constitui a partir do reconhecimento do inconsciente; a saber, o acolhimento da alteridade interna radical que é o inconsciente... de modo que essa matriz simbólica que é o enquadramento interno permite a abertura – o acesso – à alteridade.

# 4. A revolução silenciosa
## O que é o contemporâneo em psicanálise?[1]

*Paris, setembro de 2009*

F. Urribarri – *Há alguns anos, o senhor publicou as* Orientações para uma psicanálise contemporânea.[2] *Gostaria de indagá-lo sobre o termo "contemporâneo". Trata-se de um adjetivo, um sinônimo de "atual", remetendo simplesmente à psicanálise de hoje? Ou é uma noção vinculada a uma conceitualização histórica das mudanças na psicanálise?*

A. Green – A resposta é bastante simples: a "psicanálise contemporânea" é justamente uma ideia diretriz. Uma boa parte dos meus esforços nesses últimos anos foi para dar conta das mudanças da psicanálise em nossa época. Para mim, é evidente que há uma psicanálise nova. Então, depois de *Orientações...*, preparei uma obra importante, *Les voies nouvelles de la thérapeutique*

---

[1] Conversa gravada no consultório de André Green, Avenue de l'Observatoire, com vistas a preparar a manhã de estudos no Reid Hall (cf. Entrevista V), prevista para dali a alguns dias.

[2] O título original é *Idées directrices pour une psychanalyse contemporaine* [Ideias diretrizes para uma psicanálise contemporânea]. Na versão brasileira, no entanto, optou-se pela tradução aqui trazida no corpo do texto. [N.T.]

*contemporaine*[3] [As novas vias da terapêutica contemporânea], visando a recensear a especificidade dos problemas colocados pela prática contemporânea.

O que é o "contemporâneo" em psicanálise? Primeiro, como o senhor apontou, esse termo tem uma dupla acepção nos meios analíticos franceses e internacionais. Ainda que hoje todos concordemos em falar de uma *crise da psicanálise*, não se pode isolar uma visão unificada da direção para a qual a nossa disciplina se orienta. O movimento contemporâneo é marcado por forças que puxam para direções diversas, a partir do *corpus* comum formado pela clínica. Os casos-limites, os distúrbios narcísicos, as patologias psicossomáticas; em suma, a *predominância das estruturas não neuróticas* suscitou a emergência de uma clínica nova. Essa clínica exige, a meu ver, a elaboração de uma teoria geral do psiquismo e, muito logicamente, uma técnica. Eu me esforço, com as minhas ideias, para fazer a psicanálise avançar, para contribuir para tirá-la de certos impasses.

Sempre tomei a peito reconhecer o que há de interessante nos outros, sem por isso me converter. Jamais entrei em religião. Nem no kleinismo, nem no winnicottismo, nem no lacanismo. O que chamo de "babelismo psicanalítico" das correntes pós-freudianas é, sem dúvida, um fermento suplementar na crise da psicanálise... Mas não se trata de praticar o ecletismo. Busco a complexidade. O que me interessa é descobrir e seguir historicamente as linhas gerais da evolução do pensamento psicanalítico em Freud e depois de Freud. Estamos *depois de Freud*, é claro, e também *com Freud*, para pensar os problemas do nosso tempo. Ao que me consta, a maior parte dos analistas franceses é freudiana, mas "freudiano" não quer dizer ortodoxo. Não se tem a pretensão de que Freud tenha respondido tudo, de que ele tenha resposta para tudo.

---

3 Green (Org.) (2006).

De minha parte, o que fiz? Tenho comigo que Freud é muito bom, é muito enriquecedor, mas ele não fala dos *nossos* problemas. Ele não se ocupa dos nossos pacientes e não é confrontado com as dificuldades práticas e teóricas que os analisantes de hoje nos colocam. Ao mesmo tempo, não se pode dizer que ele não percebeu e antecipou muitas coisas. Mostrei, estudando notadamente a última parte da sua obra, que a introdução da segunda tópica desemboca numa mudança de paradigma. A neurose para de ser definida em relação à perversão e começa a ser pensada em ligação com a psicose. Inaugura-se então o tempo do estudo da renegação, da clivagem do Eu, da perda da realidade... Porém, todos esses progressos teóricos não serão imediatamente integrados na técnica: será preciso aguardar os pós-freudianos, especialmente Winnicott e Bion. Mas de onde provêm essas mudanças da segunda tópica? Elas provêm da clínica, dos fracassos da prática analítica frente à compulsão à repetição mortífera e à reação terapêutica negativa.

Não quero me apresentar como um grande inovador, mas me situo na via que foi aberta por essas mudanças. Penso que não só a segunda tópica é muito importante, mas também que são fundamentais os artigos técnicos dos últimos anos de Freud: "Análise terminável e interminável" e "Construções em análise".[4] Eles tratam da seguinte questão: "Por que isso não funciona?". Eu digo: aí está a nossa herança.

Elaborar, estabelecer uma perspectiva pessoal, isso me tomou tempo... O que me interessava, primeiramente, era a clínica. Ora, Lacan, que eu seguia nos anos 1960, jamais se interessou pela clínica contemporânea. Por conta de sua prática, ele nunca soube o que era um paciente *borderline*, e eu considero que essa seja uma posição anacrônica, *old fashion*... Por isso insisto na importância dos meus primeiros encontros com os ingleses. Em 1961, assisti

---

4 Respectivamente, Freud (1937c) e Freud (1937d).

a uma supervisão de Herbert Rosenfeld e a uma conferência de Winnicott. Fiquei assombrado de tanto que achei essa clínica apaixonante! Isso para lhe dizer que, para mim, a ideia da *contemporaneidade* nasceu do choque provocado pela descoberta da maneira como os ingleses trabalham.

F. U. – *E como o senhor elaborou esse impacto da prática inglesa? A meu ver, o movimento pós-lacaniano, do qual o senhor faz parte, produz um pensamento inovador que adota uma atitude dialética, simultaneamente em continuidade e em ruptura com os pós-freudianos – isto é, Lacan, Klein ou Winnicott. Depois do movimento freudiano ortodoxo e dos movimentos pós-freudianos, é esse pensamento inovador de uma nova geração que se poderia chamar de "contemporâneo"...*

A. G. – Meu percurso, no contexto da história da psicanálise, certamente não está isolado do movimento da minha geração – em particular do grupo que se chama, hoje, de pós-lacanianos. Tanto que meu trabalho de 1974[5] foi publicado na *Nouvelle Revue de Psychanalyse*, de J.-B. Pontalis. Guy Rosolato, Didier Anzieu e eu participávamos do comitê editorial. Talvez nem sempre tenhamos reconhecido a revolução que se produziu depois da morte de Freud, quando os problemas da clínica começaram a surgir. No início, houve um movimento duplo e distinto. Na França, havia Jacques Lacan e Sacha Nacht. De um lado, Nacht era obcecado pela análise interminável, que ele considerava o maior dos perigos. Do outro, Lacan fazia análises sem fim, de dez ou quinze anos, sem nunca se colocar a menor questão. Ademais, os dois partilhavam, em grande parte, uma mesma técnica francesa clássica, uma mesma idealização do silêncio do analista... Para os jovens analistas

---

5 Green (1974). Cf. também *supra*, p. 28, nota 5.

que éramos nós, tudo isso não tinha nenhuma serventia. Nenhuma dessas duas posições constituía uma opção; as duas eram suicidárias frente à renovação da clínica, que começava a nos fazer sair da problemática neurótica. Só Maurice Bouvet, com seus estudos sobre as estruturas pré-genitais, podia nos orientar um pouco. Enquanto isso, do outro lado da Mancha, alguém dizia coisas fundamentais: Winnicott, em seu artigo de 1954,[6] explicava que a época da análise da neurose havia acabado e que os analistas não tinham escolha. Dito de outro modo, estávamos metidos nisso – estávamos *depois* dessa "época já terminada".

Winnicott terá uma grande influência na psicanálise francesa, notadamente por meio da *Nouvelle Revue de Psychanalyse*, que impulsionou a renovação do pensamento psicanalítico. Então se diz que, diante da novidade, há outra maneira de fazer, diferente da maneira de Lacan. Era a emergência do novo paradigma! Isso teve uma influência decisiva na evolução geral da psicanálise e, especialmente, do pensamento clínico. Era, caso queira, uma revolução silenciosa.

Hoje, na França, os autores que contam são os pós-lacanianos, com toda a diversidade que lhes permite se remeterem uns aos outros sem dogmatismo. Mas levou-se um bom tempo para reconhecer a radicalidade dessa inovação, assim como para compreender a originalidade de Winnicott. Pois é justamente ele que está na fonte desse novo paradigma. Da mesma maneira que se fala, no mundo anglo-saxão, de um "French Freud" [Freud francês], pode-se dizer que há um "Winnicott francês".

F. U. – *Por quê? Em que consiste?*

---

6  Winnicott (1954).

A. G. – Porque Winnicott inaugurou uma perspectiva fundamental e nos trouxe ideias que não existiam na psicanálise francesa de antes dele. A noção de *transicional* inicia uma mudança decisiva no pensamento clínico. A transicionalidade acaba se tornando uma chave para compreender a simbolização, o material analítico: diz-se que o objeto transicional é *e não é* o seio; começa-se a abordar a relação entre realidade psíquica e realidade externa, entre objeto subjetivo e objeto percebido objetivamente; começa-se a se pensar a análise em termos de viagem de um ponto a outro...

Winnicott explica que aquilo que Freud e Klein afirmam não lhe convém, pois eles permanecem concentrados no conflito interno. A seu ver, o ambiente é fundamental. Winnicott nos orienta, portanto, para uma nova maneira de conceber a análise. Esta não é mais apenas da ordem da problemática intrapsíquica, mas se esforça também para pensar a articulação do dentro e do fora. Com isso, teremos de nos haver com modos de transferência e de pensamento totalmente diferentes da neurose. Não nos limitaremos mais ao conflito entre *agir ou não agir* a fantasia erótica ou agressiva. Veremos emergir formas de transferência em que o analisante ataca o pensamento do analista. São formas de transferências-limites: o conflito está, agora, no limite, no espaço "entre" o sujeito e o objeto. A importância do objeto primário – que é, ele mesmo, louco – torna-se central. Somos impelidos aos limites da analisabilidade. É justamente essa tentativa de articulação do intrapsíquico e do intersubjetivo, então, que encontramos em germe em Winnicott. É o que chamo de "par pulsão-objeto". Eis um dado capital, bem na fonte do pensamento clínico contemporâneo.

Para dizer de outro modo, a grande contribuição de Winnicott, mas também de Bion, foi ter relançado nossas elaborações a partir de um referente outro que não a neurose; a saber, respectivamente: dos *borderlines* e da psicose. Num sentido, todos os dois perpetuam o Freud de 1924 de "Neurose e psicose".

F. U. – *Sim. Dito isso, essa forma que o senhor tem de interpretar as contribuições de Winnicott e de Bion à luz da obra de Freud me parece muito característica do seu pensamento, da sua perspectiva freudiana contemporânea. De fato, não se encontra explicitamente nesses autores a aproximação que o senhor acabou de fazer com o Freud de 1924, nem essa ideia de mudança de paradigma na obra freudiana...*

A. G. – Como o senhor sabe, Freud substitui o inconsciente pelo Isso depois da descoberta da pulsão de morte. Para Freud, *o Ics e o Isso não são a mesma coisa*, ao contrário do que Laplanche e outros sustentam. No Isso, há as moções pulsionais (de vida e de morte) – nada que remeta à representação.

Recentemente compreendi que o grande mérito de Winnicott – como o de Bion – foi ter introduzido na clínica a problemática do *pensamento*. A pulsão é certamente crucial, mas também temos de levar em conta sua relação com o pensamento... a representação, isto é, a fantasia, esse algo que funciona na neurose e falta na psicose...

F. U. – *Sua observação referente à mudança de estatuto da representação em Freud me parece uma espécie de "achado/criado".*

A. G. – Essa mudança existe em Freud, mas ninguém a havia reconhecido antes de mim. Toda a primeira tópica se apoia no trabalho da representação.

F. U. – *Ligado ao que o senhor chama de "modelo do sonho"...*

A. G. – Exatamente. Depois da segunda tópica, o sonho é importante, mas como modo de pensamento. O que se torna importante com a moção pulsional? O afeto. Não é mais o modelo do sonho que consiste em modificar uma representação por uma outra representação, por combinação e transformação de representações. Com a moção pulsional, a descarga torna-se o referente. Surge um modelo do ato. O afeto predomina em relação à representação. Para o pensamento clínico, a *força* torna-se um eixo capital. A escuta de todo o material deve seguir os movimentos de investimento e de desinvestimento, e tomar a descarga como referência, mesmo se o ato não é agido. Isso muda o estatuto da comunicação, na qual é a força pulsional que prima, então. Como no paciente que acaba de ser abandonado por uma mulher e que, num momento da sessão, dirige-se ao analista, dizendo: "Cuzona, você pensa que pode me abandonar?!". Aqui não se trata de representação, mas de força: é um discurso de descarga. Dito isso, não simplifiquemos nada. Não acho que com as estruturas não neuróticas *toda* comunicação possa ser caracterizada por *um só e único* parâmetro. É um vai e vem. Às vezes a comunicação poderá se contentar com o modelo da representação; às vezes ela vai fazer com que ele vá pelos ares...

Falar do modelo do ato equivale a dizer que *a transformação é posta em xeque pela importância da negatividade*, do trabalho do negativo. O aparelho psíquico não mira mais seu objetivo naquilo que ele quer, mas no que ele recusa.

F. U. – *E quais são as consequências disso, em termos de técnica analítica?*

A. G. – Não sou um pessimista. Se é verdade que não podemos sair dos impasses da clínica contemporânea sem levar em conta a pulsão de morte, também é insustentável querer reduzir tudo a ela. O importante é reconhecer o conflito! Um pouco como Winnicott e Bion, penso que quando a experiência e a frustração são aceitáveis, pode-se tentar transformá-las. Quando a situação é inaceitável, quando não se pode pensar, fazemos tudo ir pelos ares. Nesse último caso, o papel do objeto é importante: o objeto vai apresentar uma situação transformável?... Ou não?

F. U. – *Ouvi-lo dizer que não é pessimista me faz lembrar da sua proposição relativa à "virada dos anos 2000"...*

A. G. – Falei de uma "virada do milênio" para caracterizar a unidade na diversidade das práticas atuais do analista. Lá onde alguns percebem o sintoma de uma decadência ou de uma perda de identidade da análise, eu, de minha parte, reconheço o sinal de uma renovação, um movimento em direção à saída do impasse. É preciso, para começar, constatar o fim do reino do divã. Em seguida, sem negar o valor fundamental do enquadramento analítico – que continua sendo o padrão e a referência de toda prática –, é preciso poder distinguir o enquadramento externo do enquadramento interno do analista, que está na base da identidade psicanalítica. É esse enquadramento interno que, segundo a singularidade dos pacientes, vai orientar a escolha dos dispositivos a fim de garantir condições de exercício ótimas. Pois a principal qualidade do psicanalista é a confiança em sua identidade de analista, e sua capacidade de escuta quando tem de renunciar temporariamente à sua técnica em prol da continuidade da relação terapêutica.

De fato, somos obrigados a pensar a unidade da análise na pluralidade dos modelos. Somos constrangidos a uma clarificação com vistas a uma redefinição do campo analítico como domínio no interior do qual o analista exerce seus diversos métodos com fins terapêuticos.

F. U. – *O que o senhor está dizendo nos leva a um dos debates centrais da psicanálise contemporânea: as relações entre psicanálise e psicoterapia psicanalítica.*

A. G. – Efetivamente. Esse é um debate fundamental que suscitou vivas controvérsias no seio da Sociedade Psicanalítica de Paris. Alguns tiveram de esperar a enquete de 1997 para entender o que os analistas de todas as regiões do mundo haviam constatado: frente à diminuição do número de analisantes, eles doravante praticam psicoterapias frente a frente. Eis, uma vez mais, um debate que implica o futuro da psicanálise. Querendo evitar a confusão com as psicoterapias em geral, propus definir nossas práticas como "terapias psicanalíticas frente a frente". A meu ver, os dois métodos – o enquadramento clássico ou suas variações – não devem se opor, mas se distinguir, valorizando o que é específico ao trabalho analítico em cada um. Nessa comparação, é preciso fazer intervir a referência ao enquadramento interno do analista que zela pelo prosseguimento da analisabilidade. Mas em caso algum a diferença se deve à frequência das sessões. Os modos de elaboração analítica que defendo não se limitam à aplicação do enquadramento clássico, em que, decerto, o ideal psicanalítico encontra-se preservado e cuja fecundidade é evidente. Ao mesmo tempo, não idealizo os êxitos nesse vasto campo de variações cujas grandes dificuldades e cujos grandes fracassos conhecemos bem. Na realidade, o que chamo de "surpresas desagradáveis" da análise existe desde sempre, independentemente da técnica escolhida.

O senhor bem sabe que existe um conservadorismo que repousa numa espécie de idealização do processo analítico. Seus partidários dizem que o processo analítico está ausente no tratamento frente a frente. Mas, se estudamos a experiência que temos desde Winnicott até os nossos dias, constatamos a diversidade dos processos na prática analítica e a diversidade dos parâmetros teóricos que os explicam.

# 5. Carregar a morte em si
## A mãe morta e as questões da destrutividade nas estruturas não neuróticas[1]

*Paris, Reid Hall, 26 de setembro de 2009*

F. Urribarri – *Ainda que estejamos reunidos aqui para falar dos* Essais sur la Mère morte *[Ensaios sobre "A mãe morta"], André Green me pediu para introduzir esse diálogo com algumas observações a propósito de sua obra, a fim de que nossa reflexão se estenda de forma mais geral às suas pesquisas sobre as estruturas não neuróticas. Proporei, então, uma ideia geral do seu pensamento, do qual ressaltarei os principais eixos.*

*Sem dúvida é preciso, primeiro, situar "A mãe morta" (Green, 1980c) na perspectiva histórica proposta por Green (1974) em seu "Relatório de Londres", em que advoga pela distinção de três grandes movimentos na evolução da psicanálise, correspondendo a três modelos teórico-clínicos, a saber: o modelo freudiano, o modelo pós-freudiano e o modelo contemporâneo.*

---

1 Diálogo gravado durante a manhã de estudos intitulada *Les cas-limites: de l'extension clinique à la rénovation théorique* [Os casos-limites: da extensão clínica à renovação teórica], organizada pela Ed. Ithaque quando da publicação, em francês, dos *Essais sur la Mère morte et l'œuvre d'André Green* [Kohon (Org.), 1999]. Alguns excertos podem ser visualizados online no endereço: <https://www.ithaque-editions.fr/>.

*Esquematicamente, o modelo freudiano encontra seu paradigma na neurose de transferência. Pode-se dizer que ele é teoricamente centrado na dimensão do intrapsíquico, a qual é definida pelo conflito entre o desejo inconsciente e as defesas do Eu. O modelo pós-freudiano se desenvolve conforme um esquema já mais "relacional", vinculado ao intersubjetivo; ele prioriza o estudo do objeto e aprofunda a sua teoria (como relação de objeto ou como "relação com o Outro"); sua principal referência é a psicose – e, subsidiariamente, as crianças.* O modelo contemporâneo, *por sua vez, se propõe a superar os impasses teóricos e clínicos ligados ao reducionismo no qual desembocaram os discursos dogmáticos freudianos e pós-freudianos. Ele procura integrar as grandes contribuições anteriores. Do ponto de vista clínico, as estruturas não neuróticas constituem seus casos paradigmáticos. Do ponto de vista teórico, propõe-se uma nova síntese articulando intrapsíquico e intersubjetivo (o que em Green corresponde ao par pulsão-objeto).*

*Nesse contexto, podemos sustentar que o conceito de mãe morta representa um marco na construção de um* modelo teórico-clínico especificamente contemporâneo do funcionamento-limite. *Com efeito, o artigo de 1980 dificilmente pode se inserir na perspectiva pós-freudiana, que elucida os casos-limites à luz do funcionamento psicótico (funcionamento que seria, então, seu "modelo teórico implícito", para retomar um termo de Green). Muito pelo contrário, nesse texto que fará história, Green abordará a especificidade do funcionamento-limite (irredutível ao da neurose ou da psicose) de duas maneiras: primeiramente, por meio de uma teoria original do narcisismo – original, no sentido em que ela introduz a distinção entre "narcisismo de vida" e "narcisismo de morte" –; depois, com auxílio do conceito de "loucura privada", que exprime a diferença entre loucura e psicose. O artigo de 1980 constitui, por conseguinte, uma espécie de síntese das ideias apresentadas em* Narcisismo de vida, narcisismo de morte,[2] *cujos textos principiam em 1967 e culminam com o de 1980. Essa obra se articula com* A loucura privada, *livro publicado sete anos depois.*[3] *De um ponto de vista histórico, esses dois volumes correspondem, a meu ver, a uma primeira etapa de seu percurso em direção à construção do modelo-limite.*

Uma *segunda etapa, no decorrer dos anos de 1990, será marcada pela elaboração daquilo que se poderia chamar de "novos fundamentos metapsicológicos para a clínica contemporânea". Estes, explicitados em* Orientações para uma psicanálise contemporânea,[4] *serão organizados em cinco eixos, entre os quais o trabalho do negativo e a terceiridade. Por fim, temos uma terceira etapa, que cobre a primeira década dos anos 2000. Ela se apresenta, de um lado, como um esforço de síntese visando à construção de um paradigma contemporâneo (com* Orientações...*); do outro, corresponde às pesquisas sobre um "pensamento clínico contemporâneo" sempre no limite da analisabilidade. Frisemos aqui, mais uma vez, a importância de uma das conceitualizações que, a meu ver, continua a inspirar o pensamento de André Green hoje em dia (ele poderá nos dizer se é esse, efetivamente, o caso). Refiro-me ao díptico composto pelo "modelo do sonho" e pelo "modelo do ato" introduzido em* Le temps éclaté *[O tempo explodido].*[5]

*Como os senhores sabem, o modelo do sonho está ligado à primeira tópica freudiana, ao desejo inconsciente, ao funcionamento neurótico e ao enquadramento analítico clássico. O modelo do ato*

---

2 Green (1983a).
3 Cf. Green (1990). De fato, uma obra intermediária será publicada em inglês, em 1986, por The Hogarth Press. Trata-se de *On private madness* [Sobre a loucura privada], que contém o texto de 1980 sobre a mãe morta, bem como um bom número dos artigos que, quatro anos mais tarde, serão publicados em francês em *La folie privée* [A loucura privada].
4 Green (2002).
5 Green (2000).

*corresponde à segunda tópica, às moções pulsionais, ao funcionamento não neurótico e às variações da técnica. Constata-se, de passagem, a mudança do termo "caso-limite" para a expressão "estruturas não neuróticas" (seria possível, de resto, perguntar para Green as razões dessa mudança). Nesse mesmo espírito, observa-se o desenvolvimento do pensamento propriamente contemporâneo. De um lado, essa reflexão está centrada na pulsão de morte (problemática explicitada na obra* Pourquoi les pulsions de destruction ou de mort?[6] *[Por que as pulsões de destruição ou de morte?]), na compulsão à repetição mortífera e na reação terapêutica negativa. Do outro, ela incide no pensamento clínico – por exemplo, interessando-se pelo debate sobre as relações entre a psicanálise e as psicoterapias. Esses trabalhos não são apenas polêmicos. Encontramos ali um esforço de elucidação dos fundamentos metapsicológicos do processo analítico e do enquadramento (e de suas variações); vemos emergir, ali, ideias novas, como a do "enquadramento interno do analista". Quanto ao processo analítico dos neuróticos, o tríptico "enquadramento/sonho/ interpretação" é salientado.*

*Com isso, surgem várias perguntas. Como esse tríptico funciona? Como ele varia para as estruturas não neuróticas? Que papel dar ao enquadramento interno do analista? Que lugar atribuir ao pesadelo, entendido como uma referência distinta do sonho?*

*Eis alguns dos temas sobre os quais adoraria escutar os comentários de André Green. Agradeço a atenção dos senhores. Queiram me desculpar se falei demais!...*

A. Green – Caro Fernando, o senhor não falou demais. Se eu mesmo tivesse de fazer esse resumo, creio que não teria conseguido deixá-lo assim tão claro e com uma economia de palavras como essa!

---

6  Green (2007).

Penso, com efeito, que caso se procure compreender o que pude escrever, a perspectiva histórica que o senhor salientou torna-se indispensável. O senhor ancorou meu trabalho num início (o que está totalmente justificado): o "Relatório de Londres", de 1975. Sem dúvida, esse "Relatório" marca, para mim, o início de um movimento de pensamento pessoal, até mesmo original, ainda que ele tenha sofrido influências diversas. O "Relatório de 1975" subscreve não a mãe morta, mas o pai morto... Até 1975 eu estava sob a influência das ideias de Lacan. E, no entanto, é à memória de Winnicott que esse relatório foi dedicado (sua mulher, Clare, havia então me dito: "O senhor prestou uma homenagem, uma verdadeira homenagem ao meu marido!").

Logo, penso que não se pode encarar, de fato, o que escrevi, a não ser numa perspectiva histórica. *Nesta* perspectiva histórica que o senhor localiza, e à qual permaneço fiel; a saber, este truísmo: *a psicanálise principia com a terapêutica das neuroses*. Decerto, caso se queira procurar nas beiradas, poderiam nos objetar os escritos de Freud sobre a psicose. Sim, é verdade. Mas esses primeiros escritos sobre a psicose são discutíveis. Nos seus primórdios, a perspectiva freudiana não é psicanalítica – é um *olhar* sobre a clínica. Freud então estuda diferentes fenômenos clínicos, como a alucinação, almejando ter deles uma visão ampliada. Depois isso para. E isso para pois Freud começará a falar a partir de sua experiência, e é claro que sua experiência vai progressivamente se limitar à neurose. É claro, há o trabalho sobre Schreber, mas não nos esqueçamos que é um *texto*, não um caso clínico! Pode-se sustentar, sem exagero, que o pensamento de Freud se construiu ao redor da neurose.

Assinalo, todavia, a existência de uma virada muito importante na obra de Freud, com a introdução da segunda tópica. Até 1924, fica-se atrelado à posição freudiana segundo a qual a neurose é o negativo da perversão: o modelo da neurose tem de ser procurado na perversão polimorfa da criança. Porém, a partir de 1924, dois artigos seminais – "Neurose e psicose" e "A perda da realidade na neurose e na psicose"[7] – marcam uma mudança de paradigma. Doravante, a referência não vai se encontrar mais na neurose como negativo da perversão, mas na relação da neurose com a psicose. Freud se interessará cada vez mais por esse novo paradigma, que ele, no entanto, não vai desenvolver de forma doutrinal (ainda que, na sequência de sua obra, o pensamento psicótico vá adquirir uma inegável importância). Por exemplo, para tentar estabelecer a relação entre psicose e perversão, *um caso*: o fetichismo![8] – em que se vê Freud tentar navegar entre a velha ideia da relação "neurose/ perversão" e a nova ideia de uma "desaceitação" que não pode se limitar à perversão fetichista.

Mas o senhor menciona, ainda, um terceiro período, o período contemporâneo. Como caracterizar essa última fase? O senhor relaciona, de forma justificada, o que escrevi sobre o funcionamento-limite, a mãe morta, a loucura privada... Teríamos, então, uma nova referência que não é nem a neurose pura, nem a psicose. Trata-se de um misto mal definido. Alguns falam em "núcleo psicótico". Propus, de minha parte, as ideias de "narcisismo negativo" e de "loucura privada" (que não é a psicose).

O polo de referência deixa, então, de ser a neurose pura. Por que o referente muda? Primeiro, porque a neurose se faz mais rara em nossos divãs. Em seguida, porque colocam-se novamente em questão certos postulados teóricos. É o grande período em que a maioria psicanalítica só pensa numa coisa: a *relação dual*. "Tudo isso foi antes do Édipo!", dizem eles. "Está tudo na relação entre o filhinho e a mamãe!". Como se o filhinho e a mamãe pudessem

---

7 Respectivamente, Freud (1924b) e Freud (1924e)
8 Cf. Freud (1927e).

existir sem esse papai que passaram um tempo mascarando... (Foi nesse contexto que tive a ideia de aventar a noção de "terceiridade".)

Seja como for, constata-se que a oposição "funcionamento neurótico/funcionamento não neurótico" estabelece-se cada vez mais na psicanálise. De minha parte, não me orgulho muito de ter falado em "estrutura não neurótica". O termo não é muito preciso. Dito isso, mais que imaginar uma denominação – positiva, decerto, mas ainda menos rigorosa –, preferi me ater a uma qualificação negativa em relação à neurose.

O senhor cita o *La pensée clinique*[9] [*O pensamento clínico*]. Sim. Gostaria de dizer que não passa de uma coletânea de artigos publicados aqui e acolá... mas que, ulteriormente, formaram uma unidade e ganharam um sentido novo.

Muito justamente, o senhor insiste também na importância que a segunda tópica assumirá no meu pensamento. A meu ver, psicanalistas demais, às vezes eminentes, a negligenciaram. Sentem-se muito mais à vontade com a primeira divisão (Cs, Pcs, Ics) que com a segunda (Isso, Eu e Supereu). Ela os aborrece: "De que serve?! Podia-se muito bem continuar a funcionar como antes!". Outros dizem: "É preciso as duas!". E é assim que se privam de procurar compreender tanto a especificidade da segunda tópica quanto as razões pelas quais Freud sente a necessidade de se complicar a vida com essa nova construção.

Ora, parece-me evidente que a segunda tópica não existiria sem a última teoria das pulsões – logo, sem as pulsões de morte. Por isso não se pode dizer que se está considerando a segunda tópica e ignorando a pulsão de morte. É a coisa mais absurda! A meu ver, *a segunda tópica constitui o desfecho dos remanejamentos impostos pela pulsão de morte*, isto é, por essa teoria das pulsões

---

9 Green (2002b).

que, doravante, inclui tanto as pulsões ditas "de vida" quanto as "de morte".

Outra modificação considerável: o Eu deixa de ser um aliado. Antes se contava com esse polo "razoável", agora desmascarado como um "agente duplo". Ele tem cara de estar do lado da razão, mas na verdade... "Talvez sim... Talvez não... Não se sabe..." (conhece-se a clivagem). Daí, algo totalmente novo, representando uma grande mudança: o surgimento do Supereu! Não há vestígio do Supereu na primeira tópica; e não vejo como é que se pode trabalhar com ela tendo um Supereu na qualidade de agregado!

No "Relatório de 1975" constato um novo dado: o enquadramento. Ele se deve aos argentinos (estou pensando em José Bleger) e – numa acepção diferente – a Donald Winnicott, igualmente. Foi a partir da minha leitura de Althusser que pude compreender esse aporte: a forma como se define um objeto depende da forma como se o recorta. Essa posição me parece forte e coerente. Uma vez realizada essa dupla introdução, o enquadramento se instala na reflexão psicanalítica; e, ao mesmo tempo, constata-se a existência de analisantes incapazes de se instalar no enquadramento. Tenta-se aplicar o enquadramento, isso não funciona. Então, o que é que se faz com o conceito de "enquadramento"? Se joga fora? Ou se vai relativizá-lo? O que se tornam esses pacientes para os quais as tentativas de aplicação de um enquadramento de três ou quatro vezes por semana no divã fracassam?

O senhor recordou o velho tríptico "enquadramento-sonho-interpretabilidade". Não tentei, até então, fazer uma formulação mais atual disso. Mas penso, com efeito, que esse velho modelo deve ser modificado. Hoje eu diria: falência do enquadramento, ato e predominância da experiência em relação à interpretabilidade. É isso. Deixo que o senhor continue...

F. U. – *Agradeço por ter retomado o fio dos comentários que eu lhe havia proposto. Poderia comentar mais sobre esse tríptico original constituído pelo enquadramento, o sonho e a interpretabilidade? De que forma o senhor articula esses três termos?*

A. G. – Em poucas palavras: alguns chegaram à conclusão de que o modelo fornecido pelo enquadramento era tirado do funcionamento do sonho. Para mim, não há dúvidas: a referência primeira é o sonho. E o que a gente faz, em psicanálise, com o sonho? A gente interpreta. Toda a prática analítica está fundada numa possibilidade de interpretar – interpretação cujo objetivo é tornar manifesto o conteúdo latente.

F. U. – *O senhor fala, em seguida, de falência do enquadramento, ato e variações da técnica, isto é, da predominância da experiência em relação à interpretação. Como desenvolve essa atualização do tríptico da análise clássica que visa a responder à nossa prática contemporânea com as estruturas não neuróticas?*

A. G. – A impossibilidade de aplicar o enquadramento é um dado da experiência. Vários pacientes nossos são incapazes de fazer o que o enquadramento clássico demanda; por exemplo, associar livremente – com as sabidas consequências. No caso, o sonho deixa de ser o referente clínico porque se fundamenta numa teorização da *representação inconsciente*. Porém, existe uma diferença entre o Ics e o Isso: na segunda tópica, Freud não faz *nenhuma referência à representação* em sua definição do Isso. Por mais características que, no Isso, ele recupere do Ics, ao olhar mais de perto a gente diz: "Meu senhor, tem alguma coisa aí que o senhor esqueceu!". O quê? Não é mais questão de representação inconsciente! Ela é substituída pela moção pulsional.

O que é a moção pulsional? Aí está uma velha discussão na psicanálise francesa! Para Marthe Robert, germanista de longa tradição, "*Triebregung*" (moção pulsional) é estritamente sinônimo de "pulsão" – o que Laplanche e Pontalis discutem, sustentando o contrário, matizando, explicando que não é nada disso etc. Ora, não estou seguro de que Marthe Robert não tenha tido razão. Seja como for – pulsão ou moção pulsional –, ainda hoje é uma virada decisiva no pensamento de Freud. Noutros termos, na primeira tópica *as pulsões não fazem parte do aparelho psíquico*, apenas as representações das pulsões fazem parte dele. Na segunda tópica, sem problemas: a pulsão faz parte do aparelho psíquico. Há, portanto, da parte de Freud, um desejo de estender as fronteiras do aparelho psíquico, que não está mais limitado às representações – é a forma como Freud justifica a entrada *das pulsões* (insisto no plural) no psiquismo: das pulsões de vida, de amor, de destruição e de morte.

É claro que, dito isso, resta refletir acerca do que é pulsão de morte. A pulsão de morte é o que quer destruir, é o que quer desfazer, é o que se opõe às tentativas de vinculação do Eros – é a desvinculação. Logo, é tudo aquilo que, no aparelho psíquico, obstaculiza uma evolução em direção a algo mais aceitável. Mas não quero me estender demais...

F. U. – *Imagina! É interessante. O senhor pode continuar, estamos com tempo...*

A. G. – Ah, se pensou que eu ficaria embaraçado com a questão da pulsão de morte, digo, por certo, que não é fácil falar dela, não... É certamente muito mais fácil deixá-la passar batido!

No livro que escrevi sobre a pulsão de morte,[10] digo que Freud nos oferece um esquema estupendo em termos de clareza, de inte-

---

10 Green (2007).

ligência; e observo que, depois de Freud, ninguém mais quer falar nisso. Ou, se chega a mencionar, como faz Klein, o conceito acaba se encontrando tão transformado que fica irreconhecível. Quanto aos outros, *todos* evocarão a pulsão de morte sem nomeá-la. *Todos* concordarão em dizer que a psicanálise muda de referência, e que seu problema é, doravante, a "destrutividade" – a destrutividade no paciente... É claro que não vai se ousar chamar isso de "pulsão de morte": não é adequado, tem algo de indecente, de obsceno. Então... quando digo "todos", não estou sendo muito preciso. Por exemplo, há autores – Winnicott é o primeiro – que serão tenazes adversários da pulsão de morte, mas que, por outro lado, irão fazer o ponteiro da teoria psicanalítica mudar para o lado da destrutividade. Não há dúvida alguma de que, para Winnicott, a destrutividade é o problema essencial. Nada de pulsão de morte, faça-me o favor! Em primeiro lugar, isso desmoraliza os psicanalistas: é preciso pensar neles!... Então, não se deve dizer coisas que irritam!

Há, ao que me parece, uma posição mais interessante em Bion. Ele não fala muito da pulsão de morte, mas ela está todo o tempo ali, no seu trabalho. Ela sempre está presente em sua teoria do negativo, que é mais profunda que em Winnicott. Não é por acaso que ele enuncia *três fatores*, e não dois: o amor, o ódio e o conhecimento. O conhecimento? Sim. Mas, atenção, o conhecimento pode ser positivo ou negativo! O que é um conhecimento negativo? É uma alusão à destrutividade.

Depois há aqueles como Pierre Marty, para quem a pulsão de morte sequer está em questão! Porém, adoraria saber como compreender as elaborações dos psicossomatistas sem ser obrigado a introduzir, uma hora ou outra, o conceito de morte!

Peguem a obra – a meu ver, muito interessante – de Claude Balier, que se interessa pelos comportamentos delinquentes ou criminosos violentos. Ele "vê" a pulsão de morte em ação. Não somente por causa do fato de que o sujeito mata, mas também porque este é incapaz de reconhecer o que é, para ele, a destrutividade. No momento em que o delinquente grave está a ponto de reconhecer os atos cometidos, no momento em que ele consegue admitir que teria valido mais não cometê-los, ele tem um sobressalto: "Não é não, não é não! Eu tinha razão!". Há aí uma espécie de paranoia ligada à pulsão de morte que é uma das coisas mais interessantes de se considerar para a clínica psicanalítica, isto é, para a dificuldade que se tem de fazer com que o paciente admita, por exemplo, que ele tira prazer da sua destrutividade ou que ele utiliza essa destrutividade nas suas relações de amor com o seu entorno.

Estou dizendo, para concluir, que os meus colegas não são muito coerentes. Não conseguindo admitir a pulsão de morte, fazem com que ela saia pela porta, antes de deixá-la entrar pela janela!...

F. U. – *O senhor realizou esforços importantes e originais para estabelecer um ponto de vista conceitual que lhe é próprio, dando certa consistência à pulsão de morte. Reelaborou a noção de "pulsão de morte" no intuito de articulá-la ao pensamento clínico. Aceita a problemática da pulsão de morte, ao mesmo tempo que rejeita parcialmente a formulação de Freud. Isso, ao que me parece, levou o senhor a introduzir conceitos como "função desobjetalizante" ou "narcisismo de morte". Resumindo, tenho a impressão de que a sua leitura da segunda tópica exprime um esforço para torná-la mais coerente. Por um lado, o senhor propõe repensar o narcisismo no contexto da segunda tópica (o que, em Freud, não é evidente); por outro, concede um lugar nitidamente maior à noção de "objeto".*

A. G. – Fico contente que o senhor reconheça que me esforcei. Não faço nada sem esforço. O que posso lhe dizer é que tenho o meu Freud. O meu Freud não é um senhor que sabe tudo, que diz tudo. É um visionário. As conclusões às quais ele chega são maduramente refletidas antes de serem propostas. E ele chega à ideia de que não se pode eliminar a destrutividade. Freud diz que é totalmente ilusório pretender eliminar o ódio, a destrutividade, a ambivalência. Noutros termos, ninguém escapa dessa pressão destrutiva. Ele desemboca nessa conclusão e tenta teorizá-la. Freud não diz: há morte. Ele diz: *há uma mescla de vida e morte desde o princípio*. Ele faz disso um dado não genético e não adquirido por experiência: coloca o problema sustentando que faz parte da nossa construção de seres humanos viver divididos entre o amor e o ódio. Ou entre as coisas com as quais nos preocupamos e essas circunstâncias em que aquilo que a vida tem para nos propor não nos convém: "Não! Não posso aceitar que..."; "Não! O senhor não vai me fazer admitir que...". De minha parte, estou convencido de que esse panorama, um pouco esquemático, é o nosso destino, apesar de tudo. Não que sejamos todos assombrados pela destrutividade e pela morte. Mas quando pensamos retrospectivamente em nossas expectativas, em nossas relações, bem vemos os momentos em que caímos para o lado da repetição mortífera. Momentos em que os nossos amigos mais caros nos diziam: "Não é razoável o que você está fazendo..."; "Larga essa mulher..."; "Muda de emprego". E a gente teimava: "Não! Não! Não! Eu vou até o fim!". "Ah, que se exploda! Você quer que eu diga o quê?... Sou seu amigo, amo você. A gente pode ser ambivalente, é verdade, mas né?!...". Logo, a gente não vai seguir os conselhos dos amigos: a gente vai se afundar, e vai se afundar até o dia em que a gente se pergunta o que é que está fazendo, se vale a pena persistir nisso ou se isso é o melhor a fazer. O "melhor a fazer" nunca é no sentido da destruição. Isso presume uma construção, e sobretudo um "Não quero que se exploda"...

B. Brusset – *Gostaria de saber se a noção de "trauma por ausência", que talvez venha inicialmente de Winnicott, não é, com efeito, central na síndrome da mãe morta*. Como conceber esse trauma por ausência em relação ao que o senhor acaba de dizer sobre a pulsão de morte e a conflitualidade herdada da natureza humana – concepção, portanto, que não se acomoda com essa noção traumática da "síndrome da mãe morta".

A. G. – A noção de "trauma por ausência" vem de Ferenczi e foi retomada, em seguida, por alguns dos nossos colegas. O trauma não deriva somente de um excesso que seria insuportável. Ele provém também de algo que esperaríamos existir e que não existe: no quadro da mãe morta, há seguramente "algo que falta", que é esperado da mãe mas que não encontra lugar na relação. Todavia, isso não basta. *Estou dizendo que a mãe morta não é uma mãe distraída, uma mãe negligente. Estou dizendo que ela carrega a morte em si.* E essa morte que ela carrega é o que se transmite em sua relação com seu filho querido – com aquele que, até então, era um filho querido e que, um belo dia, sem que ele compreenda o que se passa, percebe que sua mãe não está mais ali no sentido do seu amor, desse amor que ela doa e que é tão necessário ao filho para viver.

O número de vezes que vi chegarem ao meu consultório pessoas dizendo: "Vim aqui ver o senhor porque tive uma mãe morta!"... Eu desconfiava, ao escutar isso... Mas acredito efetivamente ter tocado algo de importante, na medida em que a psicanálise soltou o verbo sobre o pai morto, sem dizer uma palavrinha sequer sobre a mãe morta – de tanto que estava "garantido" que a mãe era uma doadora de amor sempre em condições de satisfazer a criança. Uma das coisas que frisei é que essa situação parece incompreensível para a criança. A pergunta que a criança se faz não é simplesmente: "O que é que está acontecendo com ela?". A criança se pergunta: "O que foi que *eu fiz*? Por que ela está irritada *comigo*?". Insisti nos fatores não confessáveis pela mãe: uma mãe que descobre que o marido a engana; uma mãe que aborta, que perde um filho, que perde seu próprio pai... Situações em que a criança não está em condições de compreender, de reagir de uma forma razoável. Não é, portanto, apenas um "trauma por ausência". É também uma verdadeira perda de vitalidade, uma perda do amor! E a invasão da mãe pela tristeza... aí estão alguns dos fatores que desempenham um papel importante. A questão do trauma é, no fundo, um outro problema (que pôde ser tratado com certa felicidade por nosso colega Claude Janin). De minha parte, como dizer?... Só posso lhes dar esta resposta: quem de nós nunca foi atingido pela tristeza; a perda, durante algum tempo, do gosto de viver? Graças a Deus a gente se cura disso... Quando não se cura, é chato para o entorno. Mas é uma ideia louca pensar que as mães não tenham períodos de depressão como todos nós temos! Eu diria, para terminar, que me falaram tanto dessa mãe morta que eu não quero nem ouvir falar dela mais!

F. U. – *Seu comentário é muito interessante. O senhor dá um exemplo claro do seu pensamento acerca das estruturas não neuróticas. A síndrome da mãe morta implica um processo intrapsíquico de desinvestimento, e é também determinada por um movimento intersubjetivo de desinvestimento da mãe em relação à criança. Esse duplo movimento de desinvestimento implica o narcisismo de morte...*

A. G. – O senhor sabe, não tenho certeza de ter sido um bom pai. Mas acredito que me tornei – o que não é difícil – um avô melhor. O que isso quer dizer? Bion contava que um dia sua filha lhe estendeu os braços e ele não respondeu. Por toda a vida ele se lembrou de ter quebrado a expectativa dessa criança. No que concerne à minha existência de avô, se um dos meus netos me diz "Vem brincar!", eu nunca respondo "Não posso, tenho que trabalhar". Tento brincar com ele pelo menos um pouquinho. De índio, de romano... não importa! Eu jogo o jogo que ele espera de mim.

Basta que eu diga "Me desculpa, mas eu tenho que trabalhar" para infligir uma decepção que não lhe é tolerável. O que significa "ter que trabalhar"? Ir lá rabiscar atrás da escrivaninha? Isso não faz sentido! E, no entanto, é evidente que a vida é assim. Ninguém escapa disso. Não há pai sempre disponível; não há mãe perfeita, que nunca passe por momentos difíceis. (Isso me fazia rir quando eu era jovem: conhecia uma mulher que, quando ia jantar com o namorado, era obrigada a comer, primeiro, com os filhos; jantava, então, duas vezes!... São essas coisas todas que nos obrigam a tramoias permanentes.) Não se pode impingir racionalizações diante disso tudo. "É preciso aceitar as coisas como elas são" é uma maneira de dizer que estamos todos no mesmo barco. Não somos bons objetos. Não somos bons objetos de modo permanente, mas intermitentemente – e com um limiar de tolerância bastante limitado. As mães são, em geral, mais disponíveis. Papai? "Papai tá trabalhando. Esta noite ele não tá aqui...". É essa a diferença que quis defender entre a loucura materna e a loucura paterna. A loucura materna: as mães necessitam se pensar indispensáveis. Sem elas, o pequenino vai contrair febre tifoide, se afogar na piscina, cair no vazio etc. A loucura paterna: "Quero ser presidente dos Estados Unidos. Vocês não vão me impedir. E se quero virar presidente dos Estados Unidos, é preciso que eu saia em turnê, fazendo meus discursos!...". Evidentemente são exemplos esquemáticos, e compreendo perfeitamente que possam não convencer os senhores. O que estou dizendo, todavia, é que o cotidiano é feito de frustrações, de decepções, de alegrias (curtas demais, misericórdia!). É tudo isso, portanto, que faz o tecido da vida e que nos faz compreender que a vida é essa sucessão de circunstâncias às vezes positivas, frequentemente decepcionantes, com as quais é preciso "fazer com". Acho que os analistas são pessoas que evitam ver aquilo que é a vida cotidiana das pessoas reais e as relações que elas têm com seus objetos de amor. De minha parte, esforço-me para fazer entrar na minha teoria o máximo de significações dos acontecimentos da vida.

Agora que cheguei numa certa idade, não me queixo mais da minha mãe. Tenho comigo: "Pobrezinha, ela fez o que pôde. Ela era tão preocupada... É isso, não era maldade...". Mas tampouco exclamo: "Que mãe perfeita, maravilhosa!".

Eis uma coisa, creio eu, que Freud fazia: introduzir a significação da vida no cotidiano. Não há coisas negligenciáveis para Freud, nada de você-não-venha-com-historinha. Sem tomar Freud como modelo pessoal, tenho comigo que esse cara, no fim das contas, não se virou nada mal. Talvez pudéssemos, então, refletir um pouco sobre isso!...

M. Vincens – *O senhor mencionou a ambivalência em sua apresentação. Depois mostrou o quanto era importante poder levar em conta a introdução da pulsão de morte por Freud. Gostaria de lhe perguntar como o senhor articula essas duas noções: a ambivalência e a pulsão de morte. Quando Freud fala da ambivalência – e Karl Abraham, depois dele –, tem-se a impressão de que se nos apresenta a ambivalência como tendo, de algum modo, um término na vida: poderíamos ultrapassá-la. Ou, mesmo se temos a nosso serviço a noção de "regressão", para interpretar o retorno da ambivalência (depois de uma ambivalência que emaranha as moções agressivas e libidinais), a introdução da pulsão de morte nos confronta resolutamente com o jogo dessas duas forças opostas até o fim da vida, e perante o qual, para terminar, Freud afirma que é a pulsão de morte que vai sair ganhando!...*

G. Lavallé – *O senhor mencionou a sequência: falência do enquadramento/ato/predominância da experiência em relação à interpretabilidade. Adoraria saber se suas pesquisas atuais tratam disso, e se o senhor pode nos dizer mais a respeito.*

A. G. – Vou responder, primeiro, a Michel Vincens. O fato de que se constate a generalização da ambivalência me parece ser um dado simples – não é necessário fazer uma tempestade em termos de elaboração...

Sim, as pessoas são ambivalentes! Elas não estão contentes sempre. Elas se decepcionaram... Pois bem. Freud diz que não temos meio algum de fazer desaparecer completamente a ambivalência; a saber, essa coisa que tem, para ele, uma conotação de agressividade, de ódio e de ressentimento. As pessoas permanecem, de todo modo, agarradas nesses sentimentos. O tempo passou, as pessoas não são mais as mesmas, todo mudou; mas lá ainda estão elas, mais uma vez, agarradas ao que sofreram. Como aqueles pacientes em que os ódios primitivos não saem do lugar: "Ah, minha mãe, o dia em que ela me fez isso!... Eu não vou perdoá-la nunca!". A gente vai se debater contra a nossa mãe até o fim da vida?... Que absurdo!

Talvez eu vá bancar o sabichão mais uma vez, mas existe, com efeito, uma espécie de sabedoria que não consiste de modo algum em fazer desaparecer a ambivalência, e sim em relativizá-la: "Isso faz tanto tempo... Será que quero mesmo isso pra ela?... Aff... Isso já não tem importância". Por isso, o argumento segundo o qual a ambivalência é *sempre* uma pulsão de morte não se sustenta completamente. Não. A ambivalência é pulsão de morte quando ela está bem ancorada, inamovível; quando o tempo não passa, quando não se atingiu – falemos a palavra – uma certa *sabedoria*. Então, há aí efetivamente uma espécie de *confronto não transformável* da pulsão.

Guy Lavallé me insta a explicar por que substituir esse primeiro tríptico. Penso, aqui, que encontramos um dado importante nas *formas de transferência* descritas por Winnicott. Por exemplo, quando já não se trata, na transferência, de uma exposição de um conflito interno, mas antes mesmo de uma repetição do comportamento com o objeto, que se revela um objeto ruim: "Bem vejo que o senhor não entende nada a meu respeito! Bem vejo que o senhor está tentando me fazer admitir coisas que eu não consigo reconhecer! Minha mãe era ruim, ela ainda é ruim; o senhor é ruim, eles são ruins!...". *Ad infinitum*... Winnicott tem certa astúcia quando diz que, com esses pacientes, não é absolutamente o caso de fazer com que reconheçam que é por causa de suas próprias projeções que eles veem o analista como veem a mãe; e não adianta nada esperar que acordem, um belo dia, tendo compreendido que isso não era justo, que o analista não era tão ruim assim. O que conta é que o analista acolha a crítica outrora dirigida à mãe e agora a ele próprio. Para Winnicott, a *aceitação da experiência* é mais importante que a tomada de consciência.

O paciente tem consigo: "O senhor vai me aceitar e vai aceitar que eu o faça em pedaços, que eu acabe com a sua graça! Estou certo de que tenho razão, e o senhor não tem o que fazer, a não ser se curvar às minhas vontades. Nem se dê ao trabalho de me mostrar que sou-eu-que. Tive uma mãe ruim! Não vou voltar a isso". Aliás, é esse gênero de discurso interno – em que os senhores são tratados como sacanas e desagradáveis – que conduz o analisante a se sentir aceito...

P.-H. Castel – *Como o senhor não quer que o indaguemos sobre a mãe morta, pegarei por um outro viés, o da "good enough mother" [mãe suficientemente boa]. Por que as mães mortas não produzem mães mortas? Por que algo disso que o senhor descreve não teria um efeito tão particular sobre uma moça que ela seria levada a reconduzir, numa espécie de repetição entre as gerações, algo desse vazio que testemunha a presença, nela, da mãe morta? O senhor diz que partiu* *de Winnicott e de um diálogo com ele. Fico me perguntando, então, se essas mulheres que se consideram mães ruins – e que, por exemplo, o percurso pode, até certo ponto, levar a se considerarem "suficientemente boas" – não estão, com frequência, às voltas com o fato de que essa mãe morta não só foi a mãe delas, mas se repete nelas... De fato, ao lê-lo, tinha comigo que a sua ideia de mãe morta podia ser uma verdadeira resposta para algo de impensado em Winnicott no nível daquilo que ele chama de "*good enough mother*"...*

A. G. – A resposta que me vem é que não se contrai a mãe morta como a gripe asiática. Não basta ter tido uma mãe morta para ser uma mãe morta. Pode-se ser outra coisa... Pode-se viver com a fantasia de ter tido uma mãe morta e, ao mesmo tempo, ser uma mãe muito boa. Então, sempre se esquece que se tem dois pais. Logo, tem-se uma imago materna e uma imago paterna; e alguns se viram fazendo uma mistura dos dois, até mesmo criando um outro modelo em contraponto. Primeiramente, há duas imagos parentais. Em segundo lugar, há sempre algo que é preciso chamar de "liberdade". Estamos ali, na análise, para ver o que as pessoas escolheram – mais ou menos condicionadas, mais ou menos obrigadas –; qual imagem delas mesmas e das suas relações com esses objetos elas construíram para si. Eu disse aos senhores que já não fazia críticas à minha mãe... mas levei tempo! É assim... Uma análise bem-sucedida é uma análise com a qual se chega a compreender que não é culpa de ninguém.

*F. U. – Seguindo o fio do que acabou de dizer, o senhor poderia nos falar mais do trabalho analítico nesse domínio? Para retomar a questão das variações do tríptico, parece-me que toda a questão com os casos não neuróticos está ligada à predominância de um conflito que entorna para o lado do intersubjetivo, quando toda uma situação histórica se repete com o objeto. Parece-me, justamente, que o* desafio técnico passa pelo fato de que o trabalho com o conteúdo, com a representação, é posto em xeque; e que, por isso, somos forçados a colocar entre parênteses uma vertente do trabalho que é, digamos, a da interiorização.

A. G. – Vou lhe dar uma resposta... não muito honesta. Quando um não quer, dois não brigam. Todo mundo pode tirar a prova. Não dá para fazer trabalhar um paciente que não quer trabalhar e que permanece ancorado nessa posição. O que é que se faz? Faz-se o que se pode... *[André Green relata aqui, longamente, um caso que teve de tratar e que considera ter resultado em fracasso: após anos de trabalho, a analisante abandona o divã explicando que não consegue nem convencer seu analista da veracidade dos seus relatos, nem convencer a si própria da validade do método analítico. Apesar do interesse desse relato, decidimos não retranscrevê-lo por razões de confidencialidade].*

F. U. – *O senhor está nos dando uma lição de modéstia terapêutica.*

A. G. – Não é mesmo uma lição de modéstia... Faz meio século que exerço a psicanálise. Já vi de tudo... Ajudei, e até "salvei", um certo número de pacientes que, sem mim, provavelmente já estariam mortos. Mas houve vários que não consegui fazer com que saíssem do lugar. Não tive a sorte de ter sucesso sempre. Talvez não tenha sabido fazer...

F. U. – *Ainda que o senhor tenha trabalhado bastante com as possibilidades da análise para além do campo neurótico, quando escuto agora suas observações sobre os limites impostos pela destrutividade não transformável, tenho comigo que a sua perspectiva se aproxima um pouco mais da do Freud de "Análise terminável e interminável"[11] do que de costume. O senhor parece, se me permite um qualificativo que se usa para Freud, um pouco "otimista"...*

A. G. – Recuso esses rótulos. Não me considero nem otimista, nem pessimista. Estou ali, diante de um paciente. Ele vai falar comigo, eu vou me calar ou responder a ele. Vou responder o quê? Vou responder de forma adequada? Ou como um imbecil que não entendeu nada? Otimista, pessimista: um analista deve conseguir se livrar de todos esses rótulos...

No momento, estou trabalhando sobre as "surpresas desagradáveis" da análise, sobre as nossas experiências com pacientes que não tiram proveito do trabalho analítico como se teria esperado. Tinha comigo que, quando consultamos as bibliografias, não encontramos muitos escritos sobre os fracassos ou as surpresas desagradáveis da análise. Os analistas não fracassam!... Eles não falam disso! Eles esperam que tudo se ajeite milagrosamente! Por isso não há literatura importante sobre o problema. No livro que estou preparando,[12] espero poder escrever um capítulo sobre Marilyn Monroe.

Marilyn Monroe foi analisada por Ralph Greenson. Michel Schneider escreveu um livro interessante a respeito:[13] vê-se que Greenson fez as coisas mais inacreditáveis com ela. Nunca dormiu com ela, decerto, o que já é evidentemente uma façanha... digamos, respeitável! Mas, sem entrar nos detalhes, Greenson havia "apostado forte": havia aberto sua casa para Marilyn; ela se tornou amiga de seus filhos, a protegida de sua mulher; ele a recebia em

---

11 Freud (1937c)
12 Esse trabalho foi publicado alguns meses depois, com o título: *Illusions et désillusions du travail psychanalytique* [Ilusões e desilusões do trabalho psicanalítico]. Cf. Green (2010).
13 Schneider (2006).

casa para as sessões... Eis um caso paradigmático da análise contemporânea: percebe-se bem a diferença entre Dora (e a histeria segundo Freud) e Marilyn (ou a histeria de hoje, que ultrapassa de longe as histéricas de Charcot). Greenson trabalhava num consultório com um analista americano, Milton Wexler. Este não devia ser um analista ruim e, de tempos em tempos, o alertava: "Isso não dá. Quanto mais você se lança na reparação, mais vai fracassar com Marilyn, pois você vai colocar debaixo do nariz dela aquilo que ela nunca teve, aquilo que ela nunca poderá ter". Greenson escutava Wexler, por quem tinha estima, mas era incapaz de seguir seus conselhos e instalar uma distância com sua paciente.

Logo, ao mesmo tempo que constatava que meus colegas não escreviam grande coisa sobre seus fracassos, descobria, na página 223 do livro de Schneider, a seguinte frase: "Algum tempo depois da morte de sua paciente comum, Milton Wexler e Ralph Greenson chegaram a considerar um projeto de pesquisa para a Foundation for Research in Psychoanalysis [Fundação para Pesquisa em Psicanálise], de Beverly Hills, e um livro que teria tratado dos fracassos da psicanálise. Esse livro nunca foi escrito". E aqui estamos. Esse livro, como muitos outros, nunca foi escrito – não se fala dos fracassos, ou das surpresas desagradáveis da psicanálise. Espero que o meu[14] vá reparar essa omissão.

---

14 Green (2010).

# 6. A psicanálise contemporânea, a caminho

## 1960-2011: rumo a um novo paradigma[1]

*Paris, maio e outubro de 2011*

F. Urribarri – *Vamos começar abordando seu percurso intelectual...*

A. Green – Ele se explica por razões geográficas, históricas e, sem dúvida, culturais. Comecei fazendo uma formação psiquiátrica. E, desde o início da formação, sabíamos que na França as coisas eram pensadas de maneira original, em comparação com a Inglaterra, os Estados Unidos ou a América do Sul.

Depois de ter me formado na psiquiatria francesa, então, me vi na necessidade de fazer uma escolha a respeito da situação criada em 1953 pela primeira cisão da Sociedade Psicanalítica de Paris: alguns abandonaram a SPP e fundaram um outro grupo analítico, a Sociedade Francesa de Psicanálise – essencialmente em torno de

---

1 Entrevista gravada em vídeo no consultório de André Green, em maio de 2011, e apresentada no Congresso da API que aconteceu no México, no mês de agosto do mesmo ano. Alguns meses depois, em outubro, Green quis completá-la, voltando a alguns detalhes de seu percurso e abordando seu projeto de livro cujo título provisório era *Le positif: le négatif du négatif* [O positivo: o negativo do negativo]. Aqui, esses dois testemunhos fundem-se num só.

Daniel Lagache e de Lacan. Quando começo a minha formação analítica, coloca-se então a questão de saber para que lado eu ia me dirigir. Naquela época, Lacan já era bastante conhecido. Ele tinha atraído para si uma plêiade de personalidades que teriam um papel importante no futuro da psicanálise na França, ainda que dele fossem se separar em seguida (o mais próximo era o meu grande amigo Rosolato).

Do Hospital Sainte-Anne, conhecia também Laplanche, Pontalis, Aulagnier, Anzieu, todos esses autores que fazem parte da minha geração e com os quais as relações de amizade começavam a ultrapassar as clivagens institucionais.

Decido finalmente entrar para a SPP, pois já naquela época alguns comportamentos de Lacan me chocavam. Lacan tratava seus discípulos de um jeito maldoso, eu não quis me deixar maltratar por ele. Foi o Colóquio de Bonneval, grande acontecimento dessa primeira época, que foi a ocasião do primeiro encontro entre as pessoas da SPP e Lacan e seus discípulos.

F. U. – *O senhor tem em mente o Colóquio de Bonneval de 1960, sobre O inconsciente, não é?*[2]

A. G. – Sim. Como tenho o costume de dizer, esse colóquio foi um "Trafalgar" para a SPP, cujos membros não conseguiam estar à altura dos argumentos dos alunos de Lacan e do próprio Lacan. Por isso, decidi escrever um texto, que foi publicado em *Les Temps Modernes* e que o senhor conhece.

---

2 Sob a coordenação de H. Ey, com a participação, notadamente, de Blanc, Diatkine, Follin, Green, Lairy, Lacan, Lanteri-Laura, Laplanche, Lebovici, Leclaire, Lefebvre, Perrier, Ricœur, Stein e Waelhens. Cf. Ey (Org.) (1966).

F. U. – *"L'inconscient freudien et la psychanalyse française contemporaine"*[3] *[O inconsciente freudiano e a psicanálise francesa contemporânea].*

A. G. – Exatamente. Ali já se veem minhas objeções em relação a Lacan. Pois quando o lia, notava que ele não levava em conta aquilo que Freud havia dito a respeito do afeto, isto é, a distinção freudiana entre representação e afeto. Em Lacan, o afeto não tem interesse algum, não se fala nele: isso não é, para ele, nem um assunto psicanalítico, nem um assunto científico. Foi a partir dessa ideia que decidi escrever *O discurso vivo*, publicado em 1973. Quando Lacan teve o livro em mãos, ficou furioso. Ele o nomeou, brincando com sua própria terminologia, *o abjeto*. Então compreendi: eu havia tomado a decisão de criticá-lo, ele não gostou. Azar o dele.

Antes desse episódio, Lacan havia tentado me atrair para o círculo dele. Eu havia começado a frequentar seu seminário depois de Bonneval, e ele foi logo me fazendo a corte. Dizia que eu devia fazer parte do grupo dele, que o meu lugar era do seu lado... Eu era fascinado por esse homem, pelo seu talento, por sua personalidade, sua cultura. E se tive algum mérito, foi o de não me deixar levar, apesar da sua grande sedução. Eu o acompanhei de 1960 a 1967, depois tomei distância.

O que as pessoas não sabem é que, a partir de 1961, isto é, um ano após Bonneval, pudemos entrar em contato com os ingleses no Congresso de Londres da Internacional. Alguns jovens colegas estavam nessa viagem, eu inclusive, e esses novos encontros foram, para mim, uma verdadeira revelação! Pude conhecer mais pessoalmente analistas como John Klauber, Herbert Rosenfeld e (já) Winnicott. Eles me impressionaram tanto que tive comigo que

---

3  Green (1962).

aquilo que fazíamos na França era mais da ordem de um *discurso analítico* desprovido de pensamento clínico, ao passo que o pensamento clínico dos ingleses era alimentado por uma concepção pós-freudiana de uma grande força.

Então, a partir de 1961, eu tinha Lacan de um lado e os ingleses do outro... Daí, em 1970, surge a *Nouvelle Revue de Psychanalyse* (NRP), dirigida por Pontalis; e, com ela, uma nova corrente francesa que se mostra interessada em Winnicott – autor que nos permite sair um pouco da influência lacaniana. Rosolato, Anzieu, Starobinski e eu colaboramos na *NRP* desde os primórdios. Pouco depois, Masud Khan se junta à equipe e nos permite conhecer melhor Winnicott. A partir dessa época, a inovação em psicanálise não provinha mais somente de Lacan.

F. U. – *É essa corrente inovadora que o senhor chama de pós-lacaniana?*

A. G. – Sim, é o movimento pós-lacaniano. Alguns anos antes havia ocorrido uma nova cisão na qual se separaram de Lacan os seus principais discípulos: Laplanche, Pontalis, Anzieu e, pouco tempo depois, Aulagnier. Eles nunca falarão como Lacan – não se expressarão com o mesmo dogmatismo que aqueles que continuaram com ele. Vi-me, então, no meio de tudo isso. Eu escutava... E me sentia próximo desses pós-lacanianos, com os quais ainda mantenho relações de colaboração e de amizade. Mas a partir de uma certa data (provavelmente por volta de 1967, antes mesmo de *O discurso vivo*), começo a seguir um caminho independente, tendo comigo que há coisas de que não se fala...

F. U. – *...Dentre elas, a questão do narcisismo e da sua relação com a pulsão de morte?*

A. G. – A pulsão de morte, ainda não; mas o narcisismo, sim. Frente a Lacan, o único pensamento consistente na SPP era o de Maurice Bouvet, com sua concepção da relação de objeto. Bouvet havia desenvolvido sua própria visão, mas sem levar suficientemente em conta o narcisismo. Ora, essa questão do narcisismo já me interessava: meu primeiro artigo sobre a questão data de 1967.[4] Propunha um ponto de vista diferente dos de Béla Grunberger e de Lacan, introduzindo a dupla concepção de um *narcisismo positivo* e de um *narcisismo negativo*. Foi então que Lacan compreendeu que eu estava abandonando o pensamento lacaniano... Seu trabalho ainda me interessava, é verdade, mas eu já não era um militante seu, como ele ansiava que todos fôssemos.

Havia, além disso, um segundo tema: os *borderlines*, de que tomei conhecimento da existência por meio dos ingleses. Foi a partir desses dois temas que comecei a trabalhar. Daí, em 1975, apresentei o "Relatório de Londres",[5] em memória de Winnicott.

Eis a primeira parte do percurso: narcisismo, afeto, discurso vivo, estruturas não neuróticas.

F. U. – *O senhor falou de Winnicott e de Lacan. Mas, desde o começo, Bion foi igualmente um autor importante. Em* L'enfant de ça[6] *[O filho disso] o senhor apresenta a noção de "psicose branca", amparada na teoria bioniana do pensamento. Dá a impressão de que o senhor já havia "metabolizado" a sua obra.*

A. G. – Tinha ouvido falar de Bion e, naquela época, seus livros ainda não haviam sido traduzidos. Meu inglês não era suficiente para captar tudo, mas ainda assim consegui compreendê-lo. É por

---
4 Green (1967).
5 Green (1974). Cf. *supra*, p. 28, nota 5.
6 Green e Donnet (1973).

isso que pude, como o senhor diz, "metabolizar" Bion tão cedo. Contudo, ainda não o conhecia pessoalmente. Foi nas seguintes circunstâncias que eu o conheci: *Attention and interpretation*[7] [Atenção e interpretação] havia acabado de ser publicado e ele queria que fizessem uma apresentação dele no *International Journal* [*of Psychoanalysis*]. Eu estava então em contato com Masud Khan, que se ocupava das resenhas. Masud me deu a obra e me disse: "Queremos que você cuide disso, mas não para fazer um mero resumo. A gente está esperando de você um artigo". Eu escrevi o artigo. Mais tarde, Bion me contará que ele o tinha lido com sua mulher, e que havia exclamado: "Mas quem é esse jovem francês com ideias tão interessantes?!". Foi assim que nos tornamos amigos... Nós nos escrevíamos. Quando podíamos, saíamos juntos para comer. Eu o convidei para vir a Paris, e, quando veio, foi uma decepção para os parisienses – porque achavam que iriam encontrar "o autor dos primeiros livros", mas Bion já havia progredido!

Eu tinha compreendido que a teoria do pensamento introduzida por Bion estava fundamentada em Freud, e não em Klein... Certo dia ele foi a Lyon e eu fui escutá-lo. Disse a ele: "Noto que o senhor cita cada vez mais Freud e cada vez menos Melanie Klein". Ele me respondeu: "Melanie Klein foi uma contribuição para a psicanálise. Uma contribuição importante, sem dúvida, mas simplesmente uma contribuição. Ela não se compara a Freud!". Isso ele próprio me *disse*, não foi ninguém que me contou!...

F. U. – *O senhor mencionou a história dele com Beckett?*

A. G. – Sim. Ele me explicou que na época em que Beckett estava em terapia com ele, ele ainda não era analista – então não considerava isso uma análise. Por isso que, com o passar do tempo,

---

[7] Bion (1970).

a coisa terminou no bar. Conto isso porque ele já o havia escrito... Eu achava extraordinário que esse escritor que eu admirava tanto tenha encontrado esse analista que eu admirava tão enormemente.

F. U. – *Dá a impressão de que ambos os senhores se beneficiaram com esse encontro.*

A. G. – É preciso saber uma coisa: Bion estava longe de ser limitado. Um dia ele me disse: "Fico impressionado com algumas personalidades psicanalíticas que não são kleinianas e que são mais interessantes que os kleinianos!". Eu abria os ouvidos e os olhos, e tinha comigo: "Eis um espírito livre, um espírito independente". Rapidamente tivemos simpatia um pelo outro.

F. U. – *Quais são, segundo o senhor, as principais contribuições do seu livro sobre os afetos?*

A. G. – Mais que voltar ao meu livro, falaria das minhas ideias a respeito do afeto. Elas continuam a exercer um papel importante. Lacan se enganou deixando o afeto de lado. Para ele – como eu já disse – o afeto se situa fora da trajetória científica da linguagem. Por isso Lacan não fala d'"isso". Só que os analistas haviam começado a notar que uma teoria psicanalítica autêntica não podia minimizar o papel do afeto. Daí meu *Discurso vivo*, publicado em 1973. Depois, alguns anos mais tarde, o que escrevi para o Congresso do Chile...

F. U. – *...O texto que figura em* La pensée clinique[8] *[O pensamento clínico], não é?*

---

8 Green (1999).

A. G. – Sim. Para mim, esse texto equivale a uma reelaboração de *O discurso vivo*. Considero o meu "Relatório de Santiago"[9] um trabalho importante.

F. U. – *Para retomar o fio histórico, em* O discurso... *o senhor introduz a noção de "heterogeneidade do significante". Poderia explicar um pouco essa ideia?*

A. G. – Sim, é fácil. Existem duas possibilidades. Ou temos em mente a referência freudiana, ou não a temos. Se falamos de fora de toda referência a Freud, podemos dizer o que nos dá na veneta. Mas se seguimos a perspectiva freudiana, a heterogeneidade do significante torna-se evidente. Se levamos em conta os referentes com os quais a teoria freudiana é construída, *o significante não pode ser reduzido à representação de palavra*. Basta tomar o significante na acepção freudiana, como um componente do psiquismo, para que os significantes se diversifiquem: representação de coisa, representação de palavra, afeto, estados do corpo, ato etc. Aí estão os elementos freudianos que compõem os instrumentos do pensamento do analista. Trata-se de um conjunto. E esse conjunto é o contrário do significante linguístico. A linguagem, por definição, é o resultado de uma homogeneização. Em contrapartida, todos esses elementos que mencionei (representação de coisa, afetos etc.) formam a panóplia com a qual a comunicação analítica se dá. É essa a razão pela qual falo em *heterogeneidade*. Continuo a pensar que tem algo fundamental aí.

---

9 Trata-se de "Sur la discrimination et l'indiscrimination entre affect et représentation", trabalho apresentado no X Congresso Internacional de Psicanálise (Chile, 1999). O texto foi publicado posteriormente em *La pensée clinique* (Odile Jacob, 2002). [N.T.]

F. U. – *Continuemos, então, depois do afeto – se estiver tudo bem para o senhor –, com o tema tratado em* Narcisismo de vida, narcisismo de morte,[10] *obra que se tornou um clássico. Adoraria ouvi-lo acerca de sua concepção pessoal do narcisismo...*

A. G. – Minha própria concepção do narcisismo parte da seguinte questão: "O que o narcisismo se torna depois da segunda teoria das pulsões?". Pois, como o senhor sabe, são vários os que fazem uma leitura superficial e concluem que Freud já não se interessa tanto pelo narcisismo, então, porque a teoria da dupla "libido objetal/libido narcísica" é substituída pela dupla "pulsão de vida/ pulsão de morte".

Porém, o próprio fato de que a segunda teoria das pulsões eclipsa o narcisismo faz com que nos coloquemos a questão de saber o que é que o narcisismo se torna. Tive comigo, então, que se a teoria do narcisismo é seguida pelo segundo dualismo pulsional, poderíamos, nesse nível, encontrar uma teoria implícita do narcisismo que incluiria a pulsão de vida e a pulsão de morte. Da pulsão de morte surge, então, um narcisismo negativo; e da pulsão de vida, um narcisismo positivo. O narcisismo negativo é uma invenção minha. Alguns autores veem aí um conceito útil para a compreensão de algumas coisas – não acerca dos mesmos pacientes, mas sim aplicado àqueles que permaneciam à margem da teoria...

F. U. – *Da teoria "clássica"?*

A. G. – Sim. A exemplo dos anoréxicos.

F. U. – *Nesse mesmo livro o senhor dá um exemplo que se tornou paradigmático, o do complexo da mãe morta.*

---

10 Green (1983a).

A. G. – Efetivamente. É um aporte original. Ele procura dar conta de uma parte da patologia que, naquela época, ainda não tinha sido objeto de uma teorização coerente. Como a anorexia, justamente. Ou como o que, em Freud, remete a um tema que permaneceu na qualidade de esboço: três páginas em *Inibição, sintoma e angústia*,[11] no capítulo que concerne à inibição.

O que Freud diz ali não pode ser explicado pela teoria das neuroses: estamos do lado do narcisismo. Em seguida, minha obra se desenvolve segundo um parâmetro diferente, o das estruturas não neuróticas.

F. U. – *Antes de abordar esse aspecto fundamental do seu trabalho, gostaria de lhe fazer uma pergunta a propósito de* Narcisismo de vida, narcisismo de morte. *Tenho a impressão de que já nesse livro o senhor introduz um conceito capital (ainda que ele apareça igualmente em outros textos). Isso constitui uma síntese conceitual muito pessoal. Faço aqui alusão à noção de "estrutura enquadrante".*

A. G. – Ah, sim, evidentemente! A noção de "estrutura enquadrante" provém de uma descoberta que fiz desenvolvendo a minha teoria. Comecei por valorizar a pequena nota de Freud a respeito da alucinação negativa.[12] Ela me impressionou muito. Pensei: ele aponta aqui algo essencial, mas por que não retoma? Freud sustenta que, se nos interessamos pela alucinação, não se deve começar estudando a alucinação positiva, mas a *negativa*. A alucinação negativa aparece, então, na obra de Freud, no começo dos seus escritos; depois ele não fala mais disso. Havia ali, a meu ver, algo a se compreender, a se explorar – e, no seu comentário, o senhor frisa o papel que, no fim, eu fiz com que isso tivesse a partir da noção

---

11 Freud (1926d).
12 Cf. Freud (1916-1917f, p. 165).

de "estrutura enquadrante". Sustento que a criança tem uma alucinação negativa da mãe, que é o que fica da mãe para além da sua representação. Por que falar em estrutura enquadrante? Porque a criança, nos braços de sua mãe, introjeta um enquadramento oferecido pelo corpo da mãe, pela maneira como ela a segura etc. E é depois desse momento negativo que as representações vão poder ocupar o espaço livre criado pela alucinação negativa. A estrutura enquadrante é importante...

F. U. – *O senhor diria que se trata da estrutura enquadrante do Eu ou da estrutura enquadrante do narcisismo?*

A. G. – Talvez do narcisismo... Mas não gostaria de fixá-la numa instância psíquica particular. É uma estrutura que enquadra...

F. U. – *...Que cria, ou que institui, a distinção entre o dentro e o fora?*

A. G. – Sim, e é graças a ela que as representações ("positivas") vão poder encontrar um lugar. É isso que é a estrutura enquadrante. Nós a encontramos, como o senhor disse, em 1983, em *Narcisismo de vida, narcisismo de morte*. Ela ainda continua válida, a meu ver, e alguns dos meus contemporâneos a utilizam.

Por outro lado, a partir dessa época surge uma questão de que os analistas não gostam muito: a questão do negativo. Eles se perguntam o que é *o negativo*. É a transferência negativa? A reação terapêutica negativa?... Aí estão interpretações muito restritivas do conceito de "negativo", o qual é bem mais vasto, mais rico. Ele permite refletir não somente sobre os aspectos negativistas, mas também sobre aqueles que, como o negativo de uma fotografia, são uma etapa necessária para o surgimento do positivo, da representação. Essa maneira de introduzir o negativo, e de depois trabalhá-lo, desembocará por fim em *O trabalho do negativo*,[13] sem dúvida o texto mais importante que escrevi.

F. U. – *Mas antes de* O trabalho do negativo *o senhor explorou um outro tema que implica a questão do negativo, mesclada, complexificada e entrelaçada com o positivo. Já que a questão do negativo atravessa* A loucura privada...[14]

A. G. – *A loucura privada* foi praticamente os meus primórdios...

F. U. – *Compreendo que, para o senhor, enquanto autor, seja quase da ordem do passado...*

A. G. – Mas, de toda forma, amo *A loucura privada*...

F. U. – *Vamos falar desse amor, então! Por que "loucura privada"?*

A. G. – É uma maneira de propor uma hipótese: algumas transferências são sentidas pelo paciente como o único lugar – o único! – onde ele pode falar daquilo que sente ser sua loucura. Digo que ela é *privada* porque, fora dessa situação transferencial, não diríamos que são psicóticos – não temos sinal algum de um funcionamento mental marcado pela psicose. E, aqui, é preciso fazer com que intervenha essa distinção entre *loucura* e *psicose*, que postulo num texto que o senhor conhece bem: "Paixões e destinos

---

13 Green (1993).
14 Green (1990).

das paixões".[15] Dizemos que todos os homens são loucos, mas os psicóticos são, além disso, doentes.

F. U. – *O que impressiona bastante é a importância que o senhor atribui aos narcisismos de vida e de morte. De maneira totalmente original, propõe articular as "insuficiências narcísicas" (vamos chamá-las assim) com o pulsional. Em vez de opor esquematicamente, de maneira "clássica", o narcísico e o objetal, o senhor introduz a ideia de "paixão". Coloca em relação dialética um movimento passional e o apego narcísico a um objeto.*

A. G. – Sim, é verdade. Porque o essencial do narcisismo não pode ser reduzido aos traços de caráter narcísicos. A força do narcisismo é que se trata de uma relação sem saída, uma relação que não admite nenhuma abertura para os objetos, nenhuma porta de saída.

F. U. – *No começo dos anos de 1990 o senhor publicou* O trabalho do negativo.[16] *Por que teve vontade de desenvolver esse conceito?*

A. G. – É difícil responder em poucas palavras. O "trabalho do negativo" é uma expressão que tomei emprestado de Hegel. Dito isso, contrariamente ao que se pode pensar, Hegel não se estende quase nada sobre esse tema. Não posso dizer, então, que me inspirei no texto ou nas ideias de Hegel. O que me ocupou no início foi esse papel essencial que o negativo exerce na análise: *o trabalho do negativo*.

De fato, estou totalmente convencido de que a pulsão é o elemento-chave do pensamento analítico. *A pulsão se manifesta por*

---

15 Green (1980b).
16 Green (1993).

*meio de uma força excedentária.* Se queremos continuar vivendo, se queremos continuar fazendo parte da comunidade dos seres civilizados, devemos *negativar essa força excessiva.* É essa a ideia de base da teoria do recalcamento, é claro, mas ela se encontra também na raiz de certos perigos postulados pela psicanálise, dentre eles a passagem ao ato – a saber, essa dificuldade de se conter que transborda a capacidade de elaboração do sujeito e o impele a agir. Por outro lado, esse mesmo movimento nos levará a descobrir a outra margem do negativo: o negativo enquanto excesso, mas também na recusa ou na tentativa de inibir uma impulsão (como a de passar ao ato, justamente).

O campo do negativo recobre um leque de problemas que não podem ser descartados. Devemos tentar investigar os diversos domínios em que ele se exprime. Ora, um desses domínios está ligado à expressão da destrutividade.

F. U. – *Poderíamos dizer, talvez, que a sua teoria distingue duas grandes vertentes do negativo. De um lado, o trabalho do negativo é fundamental para a estruturação do psiquismo e para nos permitir integrar a comunidade civilizada – é o exemplo do recalcamento. Do outro, num jogo dialético e complexo com a sua forma estruturante, há uma dimensão na qual o negativo pode se tornar desestruturante, até mesmo destrutivo.*

A. G. – Justamente.

F. U. – *O senhor ia dizendo algo a respeito do aspecto destrutivo...*

A. G. – Tendo chegado a um certo ponto do meu percurso, me dei conta de que não se pode produzir uma teoria psicanalítica séria se não se segue Freud até a última etapa do seu pensamento, isto é, até a segunda teoria das pulsões. Diferentemente do que afirmava Freud no início, não penso que a pulsão de morte seja algo em que se possa "acreditar ou não acreditar". Antes mesmo, estamos lidando com um elemento de uma lógica freudiana extremamente forte. Por conseguinte, a psicanálise vai evoluir ao abordar a destrutividade sob a forma do trabalho do negativo. Vemos aí toda a riqueza do negativo, que, em sua primeira acepção, é necessário para a construção do psiquismo, combatendo os seus aspectos demasiado rudes. Freud começa com a perversão, que remete a essa rudeza. Surge, em seguida, um negativo que hoje chamo de "negativo radical", aquele que só sabe dizer "NÃO!" – aquele que não busca nenhum compromisso, nenhuma sublimação e que nos permite imaginar essa negatividade radical como algo essencial que não tem relação com o negativo (estruturante). Ele se limita a dizer "Não". Não é o contrário do "Sim", é um *não* sem referência ao positivo. Digamos, para ilustrar a coisa, que isso poderia parecer uma certa obstinação: "Não-é-não!". Como dizem alguns pacientes: "O senhor não vai me fazer admitir, com as suas interpretações, que existe algo de positivo por trás do negativo. Não é não!".

F. U. – *É um movimento da pulsão de morte ou uma fixação no ódio, ou os dois juntos?*

A. G. – Ambos, efetivamente.

F. U. – *Nos primeiros capítulos de* A loucura privada, *o senhor fala dos casos-limites. Propõe quatro mecanismos de defesa primordiais ou típicos: a expulsão pelo ato, a expulsão somática, a clivagem e, por fim, aquilo que chama de "depressão primária". Mais tarde, substitui esse termo por um outro, mais preciso: "desinvestimento".*

A. G. – Foi o que escrevi no "Relatório de Londres".[17] Dito isso, fui parando de acreditar nessa formalização, com o tempo, pensando que ela não ia suficientemente ao fundo das coisas. Algumas ideias conservam seu valor, evidentemente, como a substituição do recalcamento pela clivagem, ou ainda esse mecanismo do desinvestimento. São observações interessantes. Dito isso, ia avançando quanto mais compreendia que as manifestações dos casos-limites, por exemplo, eram determinadas por um coeficiente *não elaborável* de destruição. Decidi, então, aprofundar a teoria freudiana no que concerne à pulsão de destruição. Disso tirei um livro, publicado em 2007, que continuo considerando uma das minhas obras mais importantes...

F. U. – *O senhor está falando de* Pourquoi les pulsions de destruction ou de mort?[18] *[Por que as pulsões de destruição ou de morte?]*?

A. G. – Sim. Ali sustento que, desde Freud, ninguém quer ouvir falar em pulsão de morte, mas que tudo o que se coloca em seu lugar em nome de uma concepção mais clara remete à pulsão de morte. Winnicott diz que não aceita a pulsão de morte. Porém, se examinamos atentamente o que ele diz, escutamos coisas como: "A pulsão de morte, não; a destrutividade, sim". E de onde provém a destrutividade? Ele tem dificuldade em explicar... Pierre Marty também não quer saber nada da pulsão de morte, mas propõe, por fim, uma outra versão daquilo que Freud já havia formulado. O mesmo acontece com outros autores...

Existe atualmente um problema com a pulsão de morte, pois os autores rejeitam a forma sob a qual Freud a descreveu. Lançam-se

---

17 Green (1974).
18 Green (2007).

em reformulações, querendo ultrapassar a descrição freudiana. Pois bem. O que quer que se faça, o problema de fundo permanece: existe, efetivamente, uma destrutividade (admitida por todos os autores) que impede o trabalho analítico.

F. U. – *Poderia comentar um pouco sua própria visão da destrutividade, que distingue uma dupla orientação, interna e externa?*

A. G. – Tentei levar a clínica em conta, partindo da minha experiência. Creio que a minha posição acerca do estado originário da pulsão de morte não coincide com a de Freud. Não estou convencido do fato de que nascemos com um "capital" de pulsão de morte destinado a se ampliar. Eu digo que as circunstâncias pelas quais passamos na vida favorecem a eclosão da pulsão de morte, ou a amortizam. Noutros termos, estou disposto a pensar a pulsão de morte *em relação* com as pulsões de vida. Tento afinar melhor a teoria com a clínica... Há, no meu livro sobre as pulsões de destruição, uma passagem muito importante na qual retomo a descrição de Freud – que considero bem justa – do papel fundamental desempenhado pelo narcisismo.[19]

F. U. – *É uma passagem de "Além do princípio do prazer".[20] Como é que ele o faz desempenhar esse papel?*

A. G. – Pegando o contrapé de uma posição habitual, banal, que pergunta: "Como uma pulsão de morte é possível antes de uma pulsão de vida?!" – pois aqueles que se espantam alinham-se a um argumento do senso comum. Mas essa não é a maneira de pensar de Freud. Freud pensa que a pulsão primeira é uma

---

19 Cf. Green (2007, p. 37). Para a passagem de Freud, cf. (1920g, pp. 227-228).
20 Freud (1920g).

pulsão de morte. Por quê? Em resposta a suas ideias segundo as quais a pulsão se opõe ao progresso: ela quer sempre voltar para trás. (De minha parte, estimo que o primeiro progresso deve ser chamado de *investimento*. Ainda não é a pulsão. A pulsão de morte não intervém nesse estágio, é *depois* que ela tentará desfazer as conquistas da vida). Então Freud pergunta: "O que é que se opõe à primeira ação da pulsão de morte? O narcisismo". Eis uma ideia notável, fortíssima!

Basta refletir sobre a psicossomática para se dar conta da validade das opiniões de Freud. Na psicossomática, a destrutividade interna – contra o corpo – só se instala a partir de uma insuficiência do narcisismo. São pessoas que não chegam a se proteger com o auxílio de um narcisismo capaz de acossar a destrutividade. Elas sucumbem à destrutividade psicossomática. Em suma, a ideia do *narcisismo como primeira resistência contra a destruição* me parece verdadeiramente interessante.

F. U. – *Essa redescoberta recente da passagem de Freud ressalta uma notável convergência com esse papel central do objeto que o senhor aponta já faz muitíssimo tempo...*

A. G. – Sim, sim. Mas não fui eu quem disse, foi Freud!

Freud esboça um esquema evolutivo e acaba dizendo coisas que ninguém lhe "faz dizer". Ele aborda as manifestações da destrutividade e conclui que é no nível da libido objetal que vemos a pulsão de morte agir. É o objeto que é importante: o que conta é o amor do objeto. Esses comentários de Freud são fundamentais para a clínica! Quando você se confronta com um *borderline* ou com casos difíceis, você se confronta com as carências e as insuficiências do amor do objeto.

F. U. – *A esse respeito, o senhor ainda atribui importância às suas reformulações dessas questões em termos de funções objetalizantes e desobjetalizantes? Acaso a função desobjetalizante corresponde ao que o senhor acaba de descrever?*

A. G. – Ela corresponde às pulsões de destruição. A principal característica da função desobjetalizante é a desvinculação. A desvinculação impede a vinculação e o desfraldamento das pulsões de vida.

F. U. – *O senhor nos propõe aí uma tese extremamente interessante e clinicamente sugestiva – ela tem uma relação direta com nosso "pensamento clínico"!... O senhor diz, igualmente, que devemos pensar a pulsão de morte como um diálogo confuso entre a pulsão e o objeto.*

A. G. – Sim, porque, entre as suas funções de base, o objeto possui a do emaranhamento. O objeto ajuda a efetuar o emaranhamento. Se o objeto não exerce seu papel, se o funcionamento objetal é insuficiente (ou o objeto, inacessível), o desemaranhamento das pulsões assume o comando. É aí que a pulsão de morte se liberta...

F. U. – *De maneira bastante fluida, seguindo a coerência interna do seu percurso, chegamos a certas ideias formuladas nos seus textos de meados dos anos 1990. Nesses trabalhos, como* Propédeutique[21] *[Propedêutica], o senhor propõe de forma sistemática a articulação entre o intrapsíquico e o intersubjetivo, a partir do par pulsão-objeto.*

A. G. – Tem razão. Nada disso de que falamos tem sentido sem que o fundamentemos em novas bases teóricas. Temos de articular

---

21 Green (1995).

o intrapsíquico e o intersubjetivo; e aqui eu gostaria justamente de retomar a pergunta clínica que o senhor me fez e que eu não respondi. A neurose se caracteriza por uma desordem intrapsíquica. Noutros termos, a questão do objeto na neurose não tem grande importância. A neurose é uma construção do sujeito; ela é interna. Se temos de levar em conta o intersubjetivo, é porque o objeto traz dificuldades para a resolução dos problemas.

F. U. – *Por exemplo?*

A. G. – Tudo o que vai surgir da pena de Winnicott... Segundo Winnicott, não se leva suficientemente em conta o ambiente. Decerto. Mas as pessoas dizem besteiras supondo que Winnicott é um "ambientalista". O que ele diz é que não é a mesma coisa ter uma mãe psicótica ou uma mãe "*good enough*" [suficientemente boa]. E ele tem razão: não se trata da mesma patologia! Se você aborda uma patologia que implica uma mãe psicótica, você tem que levar em conta o intersubjetivo, e não se limitar ao intrapsíquico. Porque o sujeito tem de lutar *tanto* contra as suas próprias pulsões *quanto* contra as pulsões nocivas que provêm do objeto – ele guerreia, ao mesmo tempo, em duas linhas de frente!

F. U. – *O que muda radicalmente a transferência.*

A. G. – Evidentemente. A transferência *e as expressões da transferência*. Winnicott não dirá ao paciente: "Não, o senhor está projetando! Se pensa que sou mal, é porque precisa pensar que sou mal". Ele dirá, antes mesmo: "Sim, o senhor tem razão. Eu sou muito mal!".

F. U. – Se me permite uma observação técnica: diferentemente de Winnicott, o senhor está propondo interpretar a destrutividade.

A. G. – É verdade. Mas Winnicott tinha perfeitamente razão em insistir na capacidade do analista para *aceitar* a projeção. É essencial. Não se trata do fato de que o paciente possa *retificar* suas ideias, mas do fato de que ele possa *vivê-las*!

F. U. – Falando em teoria da clínica, o senhor me disse ter relido hoje cedo La pensée clinique[22] *[O pensamento clínico]*. Que impressão teve?

A. G. – Eu tinha comigo que havia sido uma boa ideia e que esse conceito mereceu ser proposto, pois respondia a uma falta. A ideia me veio no início dos anos 2000, e em 2002 o texto "Pour introduire la pensée clinique" [Para introduzir o pensamento clínico] seria publicado no livro.

No que concerne à teoria da clínica, dois conceitos principais serviram para definir e para resolver problemas: a *transferência* e o *processo analítico*. A transferência é claramente associada ao surgimento da psicanálise e terá, ao longo de sua evolução, uma importância cada vez maior. A noção de "processo analítico", por sua vez, corresponde simultaneamente a um procedimento e à ideia de uma progressão. Ela responde ao interesse de encarar o material clínico sob o ângulo da processualidade. Ainda que eu reconheça o alcance desses dois conceitos, considerei necessário acrescentar-lhes o conceito de "pensamento clínico".

No começo do meu trabalho, eu considerava que o "pensamento clínico" era uma expressão pouco habitual. Atribuem-se, com frequência, diferentes propriedades ao pensamento. Ele pode ser

---

22 Green (2002b).

religioso, metafísico, cognitivo... mas nunca a "clínica" teve o direito de qualificá-lo! Até hoje essa palavra serviu mais para designar uma atitude descritiva – para preparar os dossiês dos casos médicos, em que as doenças são definidas por diferentes constelações de sintomas. "Clínica" é um termo do vocabulário médico, significando "o que se opera junto ao leito do doente". Mas quando se trata da psicanálise, se queremos falar em "pensamento clínico", falaremos então, como adoro dizer, "com a cabeça do doente", em razão do nosso dispositivo e do nosso método. O pensamento clínico é o pensamento do analista que acompanha, dentro do enquadramento, os movimentos da transferência e da contratransferência.

F. U. – *Pode-se dizer que se trata de um pensamento "dialógico", isto é, da dupla analítica, concernindo justamente às transformações do objeto analítico no enquadramento?*

A. G. – Certamente... Por que foi que eu disse que, após as noções de "transferência" e de "processo", havia lugar para o conceito de "pensamento clínico"? Para compreendê-lo, temos de levar em conta grandes períodos da história da psicanálise...

F. U. – *Não há pensamento clínico contemporâneo sem historicização?*

A. G. – Exato. O primeiro período é o de Freud: a clínica da neurose (não de *todas* as neuroses, pois Freud começa dizendo que a psicanálise *não pode* ser aplicada às neuroses narcísicas e atuais). Temos, então, uma primeira precisão conceitual no campo da clínica analítica: a neurose de transferência – ou, como prefiro dizer, as *neuroses transferenciais* –, na qual a noção de "transferência" é a chave.

É claro que a obra de Freud é vasta e que, como o senhor sabe, mais tarde ele mudará de ponto de vista. Mas, nesse estágio, seu pensamento clínico permanece centrado no intrapsíquico: ele se interessa pela produção subjetiva dos pacientes e interpreta seus sintomas como a expressão de uma transformação interna.

Daí a psicanálise evolui, notadamente sob a influência deste importante pensador que é Ferenczi. Ferenczi interroga a clínica de Freud. Se lemos seu *Diário clínico*,[23] vemos que ele é bastante crítico com Freud, e bem mais aberto. Ele traz a ideia de que, além do desenvolvimento intrapsíquico do paciente, o pensamento clínico se interessa pelas consequências das relações entre o paciente e seus objetos. A clínica tratará, então, das relações de objeto.

F. U. – *O senhor quer dizer que Ferenczi inicia esse deslocamento de ênfase no seio do pensamento clínico, do intrapsíquico para o intersubjetivo? Que ele é, portanto, o precursor de Klein, Winnicott..., de tudo o que já falamos em relação ao papel do objeto?*

A. G. – Sim. Ferenczi se esforça para mostrar que, de um lado, temos de levar em conta as fantasias do paciente; e que, do outro, os objetos fizeram para o paciente coisas que foram traumáticas, as quais o paciente é forçado a integrar em seu psiquismo mediante uma deformação. Por conseguinte, temos aí um alargamento que modifica os limites do campo clínico: nós nos distanciamos da neurose e nos aproximamos das estruturas não neuróticas, para as quais o papel do objeto é tão fundamental quanto a necessidade de elaboração das pulsões.

Todas essas ideias resultam da evolução da clínica. Elas seguem os grandes momentos históricos da psicanálise e vão mudando com eles. No que diz respeito ao pensamento clínico contemporâneo, a

---

23 Ferenczi (1932).

questão posta será a da articulação entre o dentro e o fora. Reformulando a expressão de Sara e César Botella, "somente dentro – também fora",[24] digo: "somente Eu – também outros". A ênfase é colocada, doravante, nas transformações do psiquismo, levando em conta o intrapsíquico e o intersubjetivo, o par pulsão-objeto.

O próprio Freud era muito sensível às transformações. Como a histeria se transforma para dar à luz a fobia? Ou a neurose obsessiva?... Seu pensamento permanece, todavia, centrado na neurose. A ideia de "transformação" é igualmente importante em Bion. No seu caso, ela se concentrará na psicose. Depois, o pensamento clínico vai se abrir para os casos-limites, nas fronteiras entre a neurose e a psicose.

A transformação, na clínica contemporânea, é uma ideia fundamental. Isso significa que, em sua escuta, cada vez que o analista percebe ou constrói uma configuração em conflito, ele se pergunta quais são as suas possibilidades de evolução, de mudança. Por exemplo: como evidenciar o papel dos mecanismos de defesa psicóticos numa estrutura não psicótica?

F. U. – *Parece-me que é justamente o que o senhor explorou, depois teorizou, no caso da loucura privada.*

A. G. – Sim. O que descrevi da loucura privada pode agora ser encarado como uma evolução da clínica. Isso equivale a dizer que o único referente da neurose não permite mais ao analista compreender a natureza dos problemas e dos perigos.

---

24 S. Botella e C. Botella (2001).

F. U. – Mas nesse panorama que o senhor nos oferece, a especificidade daquilo que o senhor chama de "pensamento clínico contemporâneo" não me parece suficientemente ressaltada.

A. G. – É verdade. Mais que enfatizar a dimensão de ruptura, eu quis mostrar como a clínica e o pensamento contemporâneos são criados por esses desenvolvimentos da psicanálise; como novos pensadores surgem e, com eles, novas categorias teóricas e clínicas. Winnicott traz uma contribuição fundamental, que não é um dado da psicanálise freudiana: o *transicional*. Ele nos mostra que quando estamos lidando com uma estrutura-limite, o transicional não funciona – há uma espécie de amputação psíquica. Em Bion, é uma nova concepção do *pensamento* que nós descobrimos. A psicose deixa de ser uma questão de fantasias arcaicas para competir ao pensamento enquanto tal, ou, mais precisamente, à incapacidade de fazer o pensamento funcionar por causa da evacuação – o sujeito evacua coisas das quais ele não quer ouvir falar e, por conseguinte, impede-se de pensar. Viemos depois de tudo isso... Em todo caso, foi a partir daí que progredi. Eu me propus a chacoalhar o campo clínico introduzindo, entre outros, o trabalho do negativo, uma ideia que ainda não era muito levada em conta.

Na época de Freud, o pensamento clínico se apresentava de forma coerente e inteligível. Desde então, quanto mais abordamos formas próximas do funcionamento psicótico, menos esse pensamento clínico é claro, compreensível e utilizável. Falemos da supervisão. Em condições ordinárias, o analista não tem dificuldade alguma em apresentar, em supervisão, o caso de um neurótico. Em contrapartida, com um paciente que não segue a lógica neurótica, um caso-limite, não lhe é evidente lembrar-se do material, relatar as sessões. O analista se encontra constantemente desnorteado pelos movimentos da patologia. É uma das características da análise contemporânea.

Temos cada vez mais de fazer frente a formas obscuras, ininteligíveis. Formas das quais não chegamos inteiramente a estruturar nem o material, nem os processos que elas transportam...

F. U. – *É, então, no contexto da psicanálise contemporânea que o conceito de "pensamento clínico" vem se juntar aos de "neurose de transferência" (freudiano) e de "processo analítico" (pós-freudiano). Isso me faz pensar que, nos seus escritos, o pensamento clínico parece consubstancial à elucidação metapsicológica e técnica do enquadramento analítico...*

A. G. – Exato. Para a prática contemporânea, o enquadramento constitui um "analisador de analisabilidade". Antes de mais nada, ele é importante porque concede a possibilidade de situar o material num certo enquadramento e numa matriz de inteligibilidade. Se temos a impressão de que o material não é organizável segundo os parâmetros do enquadramento, da regra fundamental, nós nos apercebemos de que o enquadramento como *condição de inteligibilidade* está em perigo. Somos obrigados a confessar: "Aqui, custa-me contar com o enquadramento". O paciente passa ao ato, recusa-se a pagar, recusa-se a vir... Coisas que fazem, todas, com que a clínica contemporânea seja tal que as referências habituais não são mais seguras.

F. U. – *O senhor frisou que o pensamento clínico de Freud é centrado na transferência, ao passo que o pensamento clínico pós-freudiano coloca a contratransferência em destaque. A partir de uma perspectiva contemporânea, o senhor introduziu, ao lado do conceito de "pensamento clínico", a ideia de um enquadramento interno do analista.*

A. G. – Sim. O enquadramento interno é feito do que resta como sedimento, no futuro analista, da sua própria análise. É o que lhe permite utilizar o enquadramento para avaliar a relação analítica e o seu percurso.

Mas o enquadramento interno não é um dado imutável – ele varia nos analistas. De fato, a força do analista, hoje, está em poder recorrer a um conceito desse gênero, que lhe permite justamente se aperceber de que *seu* enquadramento interno não está funcionando e que ele deve, por conseguinte, transformá-lo. Dito isso, ao analista contemporâneo sempre acontece de escutar seu analisante sem entender nada: "Mas o que é que ele quer?!...". Ora, esse discurso vem dos limites que o analista herdou de sua própria experiência do enquadramento e que condicionam seu enquadramento interno. Se ele é capaz de superar essas limitações, de tolerar a incompreensão, a incerteza, talvez seja capaz de escutar em situações nas quais seu enquadramento interno não funciona como de costume, e nas quais será preciso encontrar outra coisa que não o que ele já conhece.

F. U. – *É aqui que o senhor faz com que a imaginação do analista desempenhe um papel capital. Pois, depois de Winnicott, o senhor é um dos autores que mais insistiram na imaginação analítica.*

A. G. – É verdade. Mas, como o senhor bem sabe, para mim a imaginação não é a simples "imaginação", o imaginário. Como seu amigo Cornelius Castoriadis havia compreendido, a especificidade da psique humana se define por sua imaginação radical. Na clínica, ela é fundamental para o analista, caso ele queira estar em condições de imaginar, de conjecturar, o que põe a análise em xeque, o que detona o enquadramento. E se ele quiser descobrir coisas novas. É isso que está no cerne da problemática do contemporâneo.

F. U. – *Para retornar à problemática do contemporâneo, por que o senhor escreveu um livro intitulado* Orientações para uma psicanálise contemporânea,[25] *retomando os principais eixos da sua obra?*

A. G. – Porque eu havia sentido a necessidade de retornar aos problemas clínicos. Considerei que era necessário (e ainda é) introduzir certa ordem no campo contemporâneo para enxergar com um pouco mais de clareza.

F. U. – *Parece-me que essa investigação continua em* Illusions et désillusions du travail psychanalytique[26] *[Ilusões e desilusões do trabalho psicanalítico].*

A. G. – O livro nasceu da minha impressão de que os analistas não gostam nadinha das coisas desagradáveis. E as coisas desagradáveis são as decepções: "Não falem das decepções! Não falem do que vai passar uma má impressão de vocês!". Temos de continuar fazendo com que acreditem que somos Super-Homens, super analistas... Digo que isso não é possível, uma vez que somos partidários de uma técnica de verdade. É preciso, sim, que nos esforcemos para ver, com a maior sinceridade, como dar conta dessas situações em que temos a sensação de ter cometido erros. Ou dessas situações em que, sem ter cometido erro algum, sabemos que elas nasceram da dificuldade do paciente em aceitar o protocolo analítico. Ademais, num país como a França, que foi influenciado por Lacan e que continua a sofrer com os desastres da técnica lacaniana, é preciso justamente que alguém diga: "Olha, existem técnicas desastrosas, é verdade. Mas não se pode atribuir *tudo* a elas".

---

25 Green (2002).
26 Green (2010).

F. U. – O que me impressiona nesse livro é a "presentificação"; quero dizer, a presença, na sua memória, de algumas dessas decepções. Alguns casos datam de trinta ou quarenta anos atrás!...

A. G. – Sim. É verdade que isso fica... Claro que tive todo tipo de casos. Os que acabam muito bem e outros que tiveram viradas imprevisíveis – às vezes negativas, decepcionantes... O que estou querendo dizer é que todos os velhos analistas (ainda que tenham parado de analisar) sabem muito bem que não lhes resta nada além de um único meio: a autoanálise. O que isso quer dizer? A autoanálise consiste em interrogar constantemente aquilo em que se acredita. A gente se diz, então, que as coisas talvez tenham se passado de outro modo, que não foi bem assim ou assado... A gente procura outras versões da história. É, mais uma vez, uma prova de que nunca há um ponto final na análise: chegamos a um certo estágio e este, em seguida, é permanentemente revisado – ele conduz a outras hipóteses.

Estou muito contente com esse livro. Nem um único opositor veio dizer: "Isso não é verdade. Green é muito pessimista!". De toda forma, penso que me encontro na linhagem de Freud: o importante é *o amor da verdade*. Nem conseguir, nem fracassar... O amor da verdade!

Se pensamos ter encontrado algo, termos vivenciado, experimentado ou explorado suas explicações possíveis, então nós nos submetemos ao exame dos outros.

F. U. – *Para falar em desilusões, lembro-me de alguns dos seus comentários a respeito de Louis Althusser. Os senhores eram próximos?*

A. G. – Éramos bem próximos. É uma história complicada. Althusser morava a um pulo de mim, na Escola Normal Superior, onde moravam os estudantes. Quando enviei a ele *O discurso vivo*, me convidou para ir vê-lo. Eu fui. Houve entre nós uma corrente imediata de simpatia. Ele já estava em análise nessa época. Papeamos um monte... Ele me contou que tinha uma casa de campo no Sul, a 10km da minha; fizemos a promessa de nos rever e, efetivamente, ele foi tomar chá em casa. Tive uma transferência imediata com ele... Parecia alguém tão extraordinário! E adorava debater comigo. Ele me dizia: "Você associa rápido!". Nossa relação continuou até a sua morte...

Depois de ter matado Hélène (que também vinha tomar chá em casa), foi internado em Sainte-Anne. Eu o visitei assim que fiquei sabendo da notícia. Ele me contou que o juiz lhe havia perguntado: "Por que o senhor matou Hélène Althusser?". Ele havia respondido: "Por causa das minhas pulsões". O que se pode fazer com um cara que responde desse jeito?!... Continuei a vê-lo... Seus amigos queriam que eu o encontrasse para que ele abandonasse seu analista e fosse com Lacan. Mas vi que isso não era possível, não seria realista. Um dia tivemos uma conversa muito intensa, na qual ele me disse: "Ainda não sei por que matei Hélène...". Eu hesitei muito antes de lhe responder; mas, no fim, disse: "Escuta, Louis, você matou Hélène pra não matar o seu analista". Porque o analista dele se colocou numa situação insustentável. O analista atendia Louis – eu sequer estou certo de que ele pudesse ajudá-lo – e se sentiu obrigado a atender Hélène, ao mesmo tempo!... Eu considero que ele não deveria ter feito isso. Deveria ter encaminhado a mulher dele para outra pessoa.

F. U. – *O analista provocou uma espécie de loucura de transferência...*

A. G. – O caso era extremamente difícil. Uma história muito complicada! Pouquíssimas pessoas podiam enxergar com clareza. A meu ver, Althusser estava muito doente já fazia tempo, e seu analista ficou assoberbado; num dado momento, não esteve mais em condições de gerir a situação, de manter a distância. Teria sido preciso dizer: "Eu atendo Louis. Outra pessoa atende a mulher dele"... Alguns dias depois da nossa conversa, Althusser encontrou seu analista, e o analista me disse: "André, queria que você soubesse dos efeitos muito positivos da sua conversa com Althusser". "Que bom. Obrigado..." Tirando o fato de que era para ele ter feito o que eu fiz! Ele jamais deveria ter atendido Althusser dessa forma! Com uma personalidade tão frágil, era preciso ter um contato positivo, uma atitude mais psicoterapêutica que psicanalítica. Pois Althusser não estava nada preparado, sua psicose era antiga, complicada...

F. U. – *Em igualdade de circunstâncias, isso me faz pensar no que o senhor escreveu no início de* Illusions et désillusions... *[Ilusões e desilusões...] acerca do analista de Marilyn Monroe. Ele também acaba se encontrando numa situação impraticável.*

A. G. – É diferente.

F. U. – *Sim, evidentemente. Mas digo isso pensando na incapacidade do analista em manter sua posição.*

A. G. – O analista de Althusser certamente merecia reprimendas. Mas o outro, Greenson, merecia ainda mais!

F. U. – *Totalmente. Ele se afogou na maré de loucura do analisante...*

A. G. – E na onipotência terapêutica. Pois Marilyn não podia ser "curada" por quem quer que fosse. Ninguém poderia lhe dar alívio.

Mesmo Anna Freud, que a recebeu, não havia compreendido grande coisa! A psicanálise não era uma indicação para Marilyn. Era evidente que não servia de nada lhe fazer interpretações. Seria preciso um Winnicott. Mas ele não estava lá...

F. U. – *E o que o senhor imagina que ele teria podido fazer?*

A. G. – Teria podido *inventar* uma técnica; não se contentar com aplicar as técnicas empregadas pelos outros.

F. U. – *Nos seus trabalhos dos últimos dez anos, encontramos ainda uma exploração inédita da questão da* linguagem na psicanálise. *O senhor aborda esse tema central a partir do seu funcionamento no enquadramento analítico.*

A. G. – Fico contente em ouvi-lo mencionar essa série de contribuições que eu fiz. No meu último livro, *Du signe au discurs*[27] [Do signo ao discurso], observo que nenhum analista havia fornecido uma descrição psicanalítica fiel do que se passa numa sessão. A descrição que dou ali da comunicação analítica dentro do enquadramento é, ao que me parece, uma das primeiras em que o funcionamento da linguagem em psicanálise é escrupulosamente retraçado. *O enquadramento analítico faz com que se fale de outra forma.*

De nada nos serve sustentar que em psicanálise "fala-se". O problema é saber *como* se fala. Quais são os efeitos da fala do paciente no analista e no próprio paciente? O que é que a interpretação do analista induz no paciente em termos de modificação no campo da fala?

O que podemos sustentar, então?

---

27 Green (2011a).

i. É importante dar uma descrição fiel do que se passa na troca verbal da análise;

ii. É essencial analisar a linguagem do ponto de vista da *especificidade* da psicanálise;

iii. O conceito de enquadramento deve poder ser posto em questão. Sabemos, por exemplo, que certos pacientes não conseguem aceitar o enquadramento e que, com eles, somos obrigados a fazer "outra coisa" – uma psicoterapia, frente a frente... Temos, então, de nos ocupar, ao mesmo tempo, dos efeitos positivos e das insuficiências do enquadramento. É um vasto campo de pesquisa.

No que me concerne, busco, nas minhas leituras, os referentes que me "falam". Os que nos fornecem um pensamento contemporâneo autêntico. Hoje, alguns autores propõem um novo paradigma. A questão não é mais saber se estamos ou não de acordo com Freud. O que importa é não ficar parado. É progredir. É refletir.

*[Enquanto fala, Green abre um envelope grosso, que chegou pelo correio no mesmo dia, e dele tira uma revista.]* Toma... Dá uma olhada. Aqui tem um novo artigo que o senhor não conhece: "Les cas-limites: de la folie privée aux pulsions de destruction ou de mort"[28] [Os casos-limites: da loucura privada às pulsões de destruição ou de morte]. Em vez de fazer uma exposição geral sobre os casos-limites, preferi mostrar o percurso que me levou, primeiro, a estudar a loucura privada; e depois a examinar, nesses últimos tempos, as pulsões de destruição. Para mim, tem uma continuidade aí...

Se queremos refletir hoje em dia sobre a importância da obra de Freud, se o fato de falar de tratamentos um pouco difíceis não é o suficiente, e é preciso que falemos da destrutividade que Freud

---

28 Green (2011b).

descobre e que ele assinala como um obstáculo à análise, então é preciso que não se brinque com os conceitos, como fazem alguns. Não se pode dizer, como eles, que se vai apreender o "não representável" com o auxílio de um pouco de "não representado" – para mim, isso equivale à impossibilidade de conceber o que Freud quer dizer com o conceito de "pulsão de morte". Freud fala do "demoníaco". E o demoníaco, a destrutividade radical, não é da ordem do não representado, mas do irrepresentável.

Tenho a impressão de que com esses dois novos livros que preparamos,[29] chego ao fim ... As pessoas dizem que não é verdade, que ainda vou escrever outros! Mas...

F. U. – ...*Mas o desejo de pensar parece que não se estanca! Há dois anos, quando fizemos as entrevistas para preparar* Orientações..., *o senhor me disse a mesma coisa, que era o seu último livro.*

A. G. – A vida pode se prolongar, mas um dia ela termina.

F. U. – *Por falar na continuação do seu trabalho, o senhor aceitaria abordar essas novas ideias que me contou estarem sendo elaboradas sobre "o negativo do negativo"?*

A. G. – O negativo do negativo... Considero, antes de mais nada, que é preciso poder compreender Freud profundamente. Não se trata, como muitos acreditam, de ter o positivo primeiro para que ele se negative em seguida.

Segundo Freud, o *negativo é primeiro*. Por quê? Porque a teoria das pulsões não admite um estágio inicial positivo. O estágio inicial é aquele que procura suprimir a complicação de toda e

---

29 *La clinique psychanalytique contemporaine* (Green, 2012) e *Penser la psychanalyse* (Green, 2013).

qualquer positividade, da irrupção pulsional. Pois toda positividade é fonte de complicações. Há, frente à positividade, a busca de algo que a anule.

Para Freud, a posição basal do psiquismo é, portanto, a do negativo, que rejeita a complicação. Por conseguinte, o positivo como o compreendemos, não pode ser outra coisa que não o negativo do negativo. Se seguimos as ideias de Freud, compreendemos que não há negativo sem positivo, nem positivo sem negativo. É uma dupla capaz de se fazer e de se desfazer, mas que deve ser concebida como um par contraditório composto pela vinculação e pela desvinculação. É aí, no meu entendimento, que se encontra a psicanálise. E aquele que é incapaz de ver isso, não compreende nada da psicanálise do nosso tempo.

F. U. – *No meu posfácio para* Illusions et désillusions... *[Ilusões e desilusões...], falo de uma "virada do ano 2000" na sua obra (em referência à "virada dos anos de 1920" de Freud). Encontro ali, de fato, um duplo eixo de pesquisa a partir desse momento: de um lado, um trabalho em torno da destrutividade e da pulsão de morte; de outro, o questionamento a propósito da criatividade do analista e do seu pensamento clínico.*

A. G. – E de onde isso vem? Dos desafios da clínica! Das suas encruzilhadas e das suas desilusões. Falemos dos obstáculos! Dos fracassos! Por que acontecem? Como é que se deve tratá-los?

F. U. – *Por que se deter nos fracassos, justamente, como o senhor fez em* Illusions et désillusions... *[Ilusões e desilusões...]?*

A. G. – Porque, para ultrapassar a crise atual, não se deve ficar nos êxitos, nos sucessos – deve-se também poder relatar os impasses! Elucidar os limites e os obstáculos é a condição de possibilidade para avançar. Freud tinha isto de notável: ele exprimia o que lhe parecia verdadeiro, ainda que isso pudesse incomodar os analistas. Seu amor da verdade ia além de toda e qualquer outra consideração.

F. U. – *E que ligação isso tem com os desafios que aguardam a psicanálise?*

A. G. – Estou convencido de que a verdade da psicanálise é um ganho cultural irreversível. Mas a resistência do mundo é sempre mais forte. E a dos analistas, como sabemos, também não é das menores...

O que vai acontecer no futuro? Provavelmente será preciso refletir mais sobre as limitações impostas pelos "dogmas" – a identificação da análise à utilização do divã, por exemplo. Ou sobre o reducionismo dos modelos pós-freudianos centrados exclusivamente na dupla mãe-bebê ou na dupla desejo-castração. Em todo caso, será preciso não esquecer que a psicanálise permanece tão revolucionária hoje quanto ela era no tempo de Freud. A sexualidade perverso-polimorfa é sempre subversiva. A destrutividade pulsional é uma ameaça para a razão. É por isso que o futuro da psicanálise vai depender sempre de um combate pela verdade.

# Anexo I – 1999

## Carta aberta de André Green à revista *Zona Erógena*[1]

Era um domingo de manhã, há 25 anos, e, no entanto, ainda me lembro. O carteiro me acordou para entregar um longo telegrama de Willy Baranger me convidando, pela primeira vez, para ir a Buenos Aires e a Montevidéu. Ainda que eu não fosse aqueles que perguntam se a capital é Buenos Aires ou Rio de Janeiro, não sabia grande coisa sobre a Argentina. Claro que os nomes de Pichon-Rivière, Bleger, Rascovsky ou Racker[2] não me eram desconhecidos. Mas, para mim, segundo a visão bastante esquemática que se podia ter à distância, a Argentina significava, antes de

---

[1] Criada em Buenos Aires em 1989 por Fernando Urribarri, ZE se dedicou particularmente a difundir o pensamento psicanalítico contemporâneo na América Latina. Publicou 49 números e encerrou suas publicações em 2001. Em 1999, André Green escreveu para a redação da revista para celebrar sua primeira década e testemunhar os seus primeiros encontros com os argentinos.

[2] Enrique Pichon-Rivière (1907-1977) e Arnaldo Rascovsky (1907-1995) estão entre os fundadores e as principais figuras da Associação Psicanalítica Argentina (APA), cuja criação data de 1942. Heinrick Racker (1910-1960) inaugurou a corrente kleiniana na Argentina, que foi profundamente renovada pelos trabalhos de José Bleger (1923-1972).

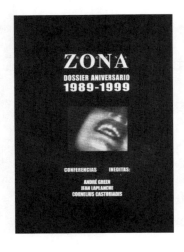

mais nada, o kleinismo importado de Londres. Da Argentina eu tinha uma vaga ideia graças às minhas relações de amizade com Jorge García Badaracco,[3] que havia vivido em Paris e que, como eu, tinha sido muito ligado a Julian Ajuriaguerra, basco emigrado para a França depois da guerra civil espanhola. Aceitei o convite, que representava uma fonte de ricas descobertas, tanto do ponto de vista humano quanto psicanalítico.

Chegando em Buenos Aires, encontraria um grupo de anfitriões dos quais muitos se tornariam amigos. Mauricio Abadi, então presidente da APA; Willy e Madé Baranger, francófonos e francófilos, foram os intermediários naturais, estando familiarizados com os meus trabalhos, mas também com o conjunto da literatura psicanalítica francesa. Em Buenos Aires encontrei "a Paris da América Latina", como se dizia. Era a época da APA unificada, mas já fissurada por dentro. Os freudianos, dentre os quais meus anfitriões, já de saída estiveram abertos às minhas conferências e às apresentações de caso. Os kleinianos, ainda que mais reservados, aceitaram de bom grado o diálogo. Entre os primeiros, além dos já mencionados, muitos de nossos veteranos – Garma, Rascovsky, Cesio[4] e vários outros dos quais não me recordo os nomes – estiveram

---

3 Nascido em Buenos Aires, Badaracco (1923-2010) trabalha, à época, no Hospital Sainte-Anne e se torna, em 1956, membro associado da SPP. Retornou no ano seguinte a Buenos Aires, onde foi professor emérito da Universidade de Buenos Aires e presidente da Associação Psicanalítica Argentina (APA).

4 Fidias Cesio (1922-2012) foi presidente da APA, da qual Ángel Garma (1904-1993) foi um dos fundadores, ao lado de Rascovsky e Pichon-Rivière.

presentes nas minhas conferências. Entre os segundos, pude rever meus amigos Etchegoyen, Liberman, Grinberg, Serebriany[5] e outros com os quais o diálogo sempre permaneceu aberto.

Quando terminava o trabalho, nós continuávamos, de noite, indo ouvir tango – ao qual continuo fiel até hoje. Piazzolla ainda estava vivo, e já se dizia que Gardel "canta melhor a cada dia"[6] (o que era verdade). Seus sucessores, que pude então conhecer, jamais me esqueci deles. Encontro também, vivo em minhas lembranças, esse domingo em que – a bordo de uma verdadeira frota de barcos, Chiozza[7] à frente – fomos ao *Río Tigre* degustar um *asado* na casa de Carlos Mario Aslan.[8]

Durante toda essa visita, éramos, ao mesmo tempo, muito sérios no trabalho, animados na discussão, calorosos nos contatos privados, felizes nas caminhadas e apaixonados na defesa da psicanálise. De nenhum outro lugar no mundo para o qual fui convidado eu guardo uma lembrança tão forte. Acredito que tenha sido naquele momento que senti que existia uma "psicanálise latina". Diferentemente do mundo anglo-saxão, em que me custa toda vez o esforço de fazer passar minhas ideias, lá na Argentina eu me sabia compreendido antes mesmo de terminar a frase.

---

5  Ricardo Horacio Etchegoyen, nascido em 1919, foi o primeiro presidente latino-americano da Associação Psicanalítica Internacional (em 1991); David Liberman foi membro fundador da Asociación Psicoanalítica de Buenos Aires (APdeBA); Léon Grinberg (1921-2007), aluno de Racker, pertence à segunda geração de analistas da APA; Réggy Serebriany (1921-2005) foi uma das instigadoras da criação da APdeBA.
6  Em Buenos Aires, "*Gardel canta cada día mejor*" é uma expressão popular que significa que a obra de Gardel melhora com o tempo.
7  Luis Chiozza, nascido em 1930 em Buenos Aires, é médico, psicanalista e psicossomatista, membro da APA.
8  Editor da *Revista de Psicoanálisis*, foi presidente da APA e duas vezes vice-presidente da Associação Psicanalítica Internacional.

Meu contato com o país estava estabelecido, então; e numa das minhas visitas, em 1990, conheci um jovem psicanalista, filho de um prestigioso professor universitário, com quem tive a oportunidade de conviver. Seu nome: Fernando Urribarri. Ele falava francês e estava a par da vida intelectual na França. Coordenava a revista *Zona Erógena* (ZE), cujos título e projeto gráfico fizeram com que eu me perguntasse de que tipo de publicação se tratava... Logo me dei conta de que tinha nas mãos uma revista psicanalítica atual, informada, capaz de uma grande tiragem e, no entanto, de qualidade – uma revista que publicava os autores internacionais que valiam a pena serem lidos.

Minha colaboração com *Zona Erógena* continuou dali em diante, e minha relação de amizade com Fernando Urribarri foi se aprofundando. Graças à sua revista, o público argentino e latino-americano que se interessa pela psicanálise e pelo pensamento contemporâneo teve a oportunidade de se manter a par das ideias que agitam a Europa e a América do Norte. A América Latina encontrou-se, assim, menos isolada e fechada em si mesma do que a América do Norte.

A ZE não teve medo de propor aos mais reputados autores que descessem à arena do debate e se expusessem para manifestar suas ideias. Muito frequentemente, a austeridade das contribuições teóricas escritas era matizada por excelentes entrevistas.

Penso que a França deve muito a essa revista, que fez tão bem com que se conhecesse a psicanálise como a concebemos aqui; e que ocupa atualmente um lugar reconhecido, depois de ter sido considerada um "primo pobre" em relação à Inglaterra e aos Estados Unidos. Essa situação deve muito à cultura cosmopolita de Fernando Urribarri.

Uma palavra mais pessoal para terminar. Urribarri exerceu um papel fundamental na minha nomeação para a cadeira de

Professor Honorário da Universidade de Buenos Aires, pelo que lhe sou muito agradecido. Não parou de conduzir a ZE, garantindo seu desenvolvimento com um sucesso notável. Desejo que continue nesse caminho.

São esses os meus incentivos, para ele e para sua revista. Para os dez próximos anos! Para um novo quarto de século!

A. G.

*Paris, 5 de novembro de 1999*

# Anexo II – 2012

## O legado de André Green: rememorar, elaborar, assumir

Palavras pronunciadas nas exéquias de André Green, no cemitério Père-Lachaise, Paris

*Fernando Urribarri*

Há alguns dias perdemos André Green. Pouco depois eu soube que, em seu testamento, redigido em 2008, ele havia expressado a vontade de que, neste adeus, eu tomasse a palavra em terceiro e último lugar. Com esse gesto, me deixava a tarefa de dar testemunho de uma história partilhada e de assumir a sua herança.

"O afeto", disse ele, "é um movimento em busca de uma forma". E eu me pergunto: como passar de um diálogo de mais de vinte anos *com ele* ao monólogo *sobre ele*? Como traduzir a nossa longa e intensa conversa neste discurso breve e solitário? Como dar testemunho da generosidade e da coerência da sua prática e do seu pensamento, em público e no privado, que davam à sua obra o fundamento emocional e ético? E cá estou eu como Santo Agostinho diante da questão do tempo: "Se ninguém me pergunta, eu sei; mas se quiser explicar a quem indaga, já não sei".

Na busca pela saída do labirinto, recorro então a Jorge Luís Borges, nosso amigo comum. Cito: "A amizade é a paixão que salva os argentinos". É um bom ponto de partida. A amizade como paixão cosmopolita. A amizade improvável entre um *porteño*, tataraneto de bascos e de judeus russos, filho do movimento psicanalítico argentino, com um judeu do Cairo, descendente de espanhóis e egípcios, que assumiu o seu desejo de se tornar um grande psicanalista francês. Uma paixão freudiana com sede em Paris. E pontes com Buenos Aires.

Quando digo *paixão*, estou certo de que todos nós nos lembramos dele. E, para mim, essa palavra evoca uma travessia de Buenos Aires que fizemos juntos num táxi. Era 1996. Eu havia organizado a sua segunda visita à Universidade de Buenos Aires e estávamos saindo de uma grande conferência que havia sido controversa, vibrante, intensa. André havia desfraldado ali todos os seus talentos de orador. E então me veio à cabeça – e eu lhe disse – que o estilo dele no púlpito talvez tivesse se moldado no grupo de teatro antigo da Sorbonne. Com um olhar sério, mas com uma voz conivente, ele respondeu: "Meu estilo é a paixão pela verdade!".

Escutando-o naquele carro, eu me sentia feliz por ter podido fazer com que se concedesse a ele o título de professor honorário da Universidade de Buenos Aires. Ele ficou contente, orgulhoso, agradecido. Mas, confessou-me, não tanto por causa dos vários "prêmios Nobel" com os quais ele compartilharia essa distinção, mas porque isso o aproximaria ainda mais um pouco de Borges, que também o havia recebido... Borges, o amigo literário cuja casa André havia visitado em Buenos Aires, em duas ocasiões inesquecíveis.

Amizades literárias, intelectuais, psicanalíticas. Amizades inspiradoras e encantadoras. Havia em André Green uma paixão pela amizade que marcou sua vida e sua obra. Mas será que não fui escolhido para falar hoje diante dos senhores porque, mais que amigos, éramos mestre e discípulo; e no fundo, talvez, como que pai e filho? Isso me parece claro. Como é claro que, para compreender aquilo que estou querendo dizer, é preciso evitar o lugar comum retrógrado que opõe a figura do mestre e do pai à do amigo. É preciso, ao contrário, considerar a coerência profunda que existe entre as ideias de André Green a propósito da figura do pai como figura terceira e sua prática da análise, da transmissão e da amizade.

Lembremos aqui da sua elucidação da função paterna marcada por suas teorias do trabalho do negativo e da terceiridade. O pai tem aí o papel de motor da subjetivação, como fonte do trabalho do negativo e fundamento da posição terceira do analista. Essa teorização rejeita e ultrapassa a redução do analista à função do continente materno e à função paterna enquanto representante da Lei.

Do lado do pai edipiano (e poderíamos igualmente dizer: antes e depois dele), Green traz *uma outra figura do pai*. Ele retorna ao Freud da *Psicologia das massas*, que propõe uma identificação primária com o pai admirado e tomado como um modelo, não como um rival. Sustenta que a relação com esse pai idealizado e inspirador é a fonte da ideação, da simbolização, da sublimação e do pensamento. Esse pai motor da subjetivação é uma fonte de alteridade: como abertura amistosa ao outro-semelhante, mas também à relação consigo mesmo.

E é essa figura parental terceira que funda a posição transformadora do analista. Uma vez que a pergunta aqui é a seguinte, "Do que é que o pai da identificação primária é modelo?", a letra e o espírito da obra de André Green respondem: ele é um modelo de autonomia subjetiva.

A paixão de André Green pela verdade era, portanto, também uma paixão pela alteridade. E as duas se conjugam numa espécie de princípio freudiano contemporâneo: a psicanálise é um projeto que só pode se sustentar por uma paixão pela autonomia – inseparavelmente individual e coletiva.

Dentro e fora do seu consultório, esses princípios foram assumidos em ato. Testemunha disso é o seu percurso intelectual, notadamente a partir do que chamamos de "virada do ano 2000" e do próprio título do livro que inaugura essa fase: *Orientações para uma psicanálise contemporânea*. Ali o autor se dedica a reinscrever suas principais ideias no cerne de um projeto coletivo de renovação da psicanálise. Uma psicanálise estendida, transformada, contemporânea à sua própria prática e instruída pelos conhecimentos mais avançados de sua época.

Ninguém ignora que André Green se lançou nesse projeto bem no momento em que estava consagrado como um dos autores mais reconhecidos da comunidade psicanalítica internacional. Isso significa que, em vez de colocar à frente sua própria teoria e seu próprio nome, ele vai privilegiar a construção de um novo paradigma freudiano hipercomplexo, especificamente contemporâneo e aberto. Não acho que já tenhamos dimensionado o alcance histórico, ético e epistemológico dessa posição. André Green é provavelmente o primeiro grande mestre – pensando na história da psicanálise – que milita explicitamente contra a criação de mais uma corrente militante, de um enézimo discurso dogmático identificado ao seu nome.

Tendo colaborado por muito tempo com ele, tive a oportunidade de viver bem de perto o seu engajamento com a verdade e a sua comovente abertura para o outro: desde as *Orientações...* (2001) até o ano passado, quando nos confrontamos com a seleção e a discussão de seus textos para reuni-los nos dois volumes que serão publicados em breve, passando pelo seu convite para escrever o posfácio de *Illusions et désillusions...* [Ilusões e desilusões...] (2010) ou o prefácio do seu último livro, *Du signe au discurs* [Do signo ao discurso] (2011). Toda as vezes perguntei a ele qual era a sua expectativa, como era para orientar os seus textos ou o que priorizar.

Toda as vezes obtive a mesma resposta: "Meu caro Fernando, fazer isso é contigo".

Hoje, mais que nunca, considero ser necessário partilhar essa experiência. Caros amigos e colegas de André Green, cabe a todos nós, de agora em diante, "fazer isso". Rememorar sua obra, elaborá-la e assumi-la; fazer da sua herança fértil um pensamento vivo. Fazer isso é conosco.

F. U.

*Paris, 27 de janeiro de 2012*

# Bibliografia

Bion, W. R. (1959). Attaques contre la liaison (pp. 105-123). In Bion, 1967 [Em português: Ataques à ligação. In: *Estudos psicanalíticos revisitados (Second thoughts)* (3a ed., W. Dantas, trad., pp. 109-126). Rio de Janeiro: Imago, 1994].

Bion, W. R. (1967). *Réflexion faite* (F. Robert, trad.). Paris: Puf, 1983.

Bion, W. R. (1970). *Attention and interpretation*. London/New York: Tavistock [Em português: *Atenção e interpretação* (P. D. Corrêa, trad.). Rio de Janeiro: Imago, 1991].

Botella, S., & Botella, C. (2001). Seulement dedans – aussi dehors. In C. Botella, *La figurabilité psychique* (pp. 117-134). Lausanne: Dalachaux & Niestlé.

Ey, H. (Org.). (1966). *L'Inconscient, VI$^e$ Colloque de Bonneval*. Paris: Desclée de Brouwer. Republicado em: Paris: Bibliothèque des Introuvables, 2005.

Ferenczi, S. (1932). *Journal clinique (janvier-octobre 1932)* (P. Sabourin et al., trad.). Paris: Payot, 1985 [Em português: *Diário clínico [1932]* (A. Cabral, trad.). São Paulo: Martins Fontes, 1996].

Fine, A., & Schaeffer J. (Orgs.). (1998). *Interrogations psychosomatiques*. Paris: Puf.

Freud, S. (1916-1917f). Complément métapsychologique à la théorie du rêve (J. Laplanche, J.-B. Pontalis, trad.). In S. Freud, *Métapsychologie* (pp. 125-146). Paris: Gallimard, 1968 [Em português: Complemento metapsicológico à teoria dos sonhos. In *Obras completas*, vol. 12: Introdução ao narcisismo, ensaios de metapsicologia e outros textos (P. C. de Souza, trad., pp. 151-169). São Paulo: Companhia das Letras, 2010].

Freud, S. (1920g). Au-delà du principe de plaisir (J. Altounian et al., trad., pp. 277-338) *OCF-P XV* [Em português: "Além do princípio do prazer". In *História de uma neurose infantil (o homem dos lobos), além do princípio do prazer e outros textos (Obras Completas de Freud*, Vol. 14, P. C. de Souza, trad., pp. 161-239). São Paulo: Companhia das Letras, 2010].

Freud, S. (1924b). Névrose et psychose (D. Guérineau, trad., pp. 283-286). In S. Freud, *Névrose, psychose, perversion*. Paris: Puf, 1973. [Em português: "Neurose e psicose". In *O eu e o id, "autobiografia" e outros textos (Obras Completas de Freud*, Vol. 16, P. C. de Souza, trad., pp. 176-183). São Paulo: Companhia das Letras, 2011].

Freud, S. (1924e). La perte de la réalité dans la névrose et dans la psychose (D. Guérineau, trad., pp. 299-303). In S. Freud, *Névrose, psychose, perversion*. Paris: Puf, 1973. [Em português: A perda da realidade na neurose e na psicose. In *O eu e o id, "autobiografia" e outros textos (Obras Completas de Freud*, Vol.

16, P. C. de Souza, trad., pp. 214-221). São Paulo: Companhia das Letras, 2011].

Freud, S. (1926d). *Inhibition, symptôme et angoisse* (M. Tort, trad.). Paris: Puf, 1973 [Em português: Inibição, sintoma e angústia. In *Inibição, sintoma e angústia, o futuro de uma ilusão e outros textos* (*Obras Completas de Freud*, Vol. 17, P. C. de Souza, trad., pp. 13-123). São Paulo: Companhia das Letras, 2014].

Freud, S. (1927e). Le Fétichisme. In S. Freud, *La Vie sexuelle* (D. Berger, trad., pp. 133-138). Paris: Puf, 1969. [Em português: O fetichismo. In *Inibição, sintoma e angústia, o futuro de uma ilusão e outros textos* (*Obras Completas de Freud*, Vol. 17, P. C. de Souza, trad., pp. 302-321). São Paulo: Companhia das Letras, 2014].

Freud, S. (1937c). Analyse avec fin et analyse sans fin. In S. Freud, *Résultats, idées, problèmes II* (J. Altounian, A. Bourguignon, trad., pp. 231-268). Paris: Puf, 1985. [Em português: Análise terminável e interminável. In *Obras completas de Freud* (Vol. 23, pp. 247-287). Rio de Janeiro: Imago, 1975].

Freud, S. (1937d). Constructions dans l'analyse. In S. Freud, *Résultats, idées, problèmes II* (E. R. Hawelka et al., trad., pp. 269-281). Paris: Puf, 1985. [Em português: Construções em análise. In *Obras completas de Freud* (Vol. 23, pp. 289-304). Rio de Janeiro: Imago, 1975].

Freud, S. (1973). *Névrose, psychose, perversion*. Paris: Puf.

Green, A. (1962). L'inconscient freudien et la psychanalyse française contemporaine. *Les Temps Modernes*, 195, 365-379.

Green, A. (1967). Le narcissisme primaire: structure ou état, *Inconscient*, 1, 127-156; *Inconscient*, 2, 89-116. Republicado em: Green, A. (1983a) [Em português: *Narcisismo de vida, narcisismo de morte* (C. Berliner, trad., pp. 91-147). São Paulo: Editora Escuta, 1988].

Green, A. (1972). Note sur les processus tertiaires. *Revue Française de Psychanalyse*, 36/3, 407-410. Republicado em: Green, A. (1995). *Propédeutique: la métapsychologie revisitée* (pp. 151-155). Seyssel: Champ Vallon.

Green, A. (1973). *Le Discours vivant*. Paris: Puf [Em português: *O discurso vivo* (R. J. Dias, trad.). Rio de Janeiro: Francisco Alves, 1982].

Green, A. (1974). L'analyste, la symbolisation, et l'absence dans le cadre analytique. *Nouvelle Revue de Psychanalyse*, 10, 225-258. Republicado em: Green, A. (1990) [Em português: *A loucura privada: psicanálise dos casos-limites* (M. Gambini, trad., pp. 69-102). São Paulo: Escuta, 2017 (Dito "Relatório de Londres" ou "Relatório de 1975")].

Green, A. (1977). Conceptions of affect. *International Journal of Psychoanalysis*, 58/2, 129-156..

Green, A. (1980a). La double limite. In Green, 1990, pp. 337-363 [Em português: Green, A. (1990). O duplo limite. In *A loucura privada: psicanálise dos casos-limites* (M. Gambini, trad., pp. 269-288). São Paulo: Escuta, 2017].

Green, A. (1980b). Passions et destins des passions. *Nouvelle Revue Française de Psychanalyse*, 21, 5-42. Republicado em: Green, A. (1990) [Em português: *A loucura privada: psicanálise dos casos-limites* (M. Gambini, trad., pp. 137-182). São Paulo: Escuta, 2017].

Green, A. (1980c). La mère morte. In Green, 1983a, pp. 222-254 [Em português: A mãe morta. In *Narcisismo de vida, narcisis-*

*mo de morte* (C. Berliner, trad., pp. 247-282). São Paulo: Escuta, 1988].

Green, A. (1983a). *Narcissisme de vie, narcissisme de mort.* Paris: Minuit [Em português: *Narcisismo de vida, narcisismo de morte* (C. Berliner, trad.). São Paulo: Editora Escuta, 1988].

Green, A. (1983b). Le langage dans la psychanalyse. In A. Green, R. Diatkine, E. Jabès, I. Fonagy, J. Cain, & M. Fain. (1984). *Langages: II$^{es}$ rencontres psychanalytiques d'Aix-en-Provence.* Paris: Les Belles Lettres.

Green, A. (1985). Réflexions libres sur la représentation de l'affect. *Revue Française de Psychanalyse*, 49/3, 773-778. Republicado em: Green, A. (1995). *Propédeutique: la métapsychologie revisitée* (pp. 91-107). Seyssel: Champ Vallon.

Green, A. (1986). *On private madness.* London: The Hogarth Press.

Green, A. (1987a). La capacité de rêverie et le mythe étiologique. *Revue Française de Psychanalyse*, 51/5, 1299-1316. Republicado em: Green, A. (1990) [Em português: *A loucura privada: psicanálise dos casos-limites* (M. Gambini, trad., pp. 315-334). São Paulo: Escuta, 2017].

Green, A. (1987b). La représentation de chose: entre pulsion et langage. *Psychanalyse à l'Université*, 12/47, 357-372. Republicado em: Green, A. (1996). pp. 109-124.

Green, A. (1990). *La Folie privée: psychanalyse des cas-limites.* Paris: Gallimard [Em português: *A loucura privada: psicanálise dos casos-limites* (M. Gambini, trad.). São Paulo: Escuta, 2017].

Green, A. (1993) *Le Travail du négatif.* Paris: Minuit [Em português: *O trabalho do negativo* (F. Murad, trad.). Porto Alegre: Artmed, 2010].

Green, A. (1994). Théorie. In A. Fine, & J. Schaeffer (Orgs.). *Interrogations psychosomatiques* (pp. 17-53). Paris: Puf, 1998.

Green, A. (1995). *Propédeutique: la métapsychologie revisitée*. Seyssel: Champ Vallon, 1997.

Green, A. (1997). *Les Chaînes d'Éros*. Paris: Odile Jacob.

Green, A. (1999). Sur la discrimination et l'indiscrimination affect-représentation. *Revue Française de Psychanalyse*, 63/1, 217-271. Republicado em: Green, A. (2002b). *La pensée clinique* (pp. 189-257). Paris: Odile Jacob.

Green, A. (2000). *Le temps éclaté*. Paris: Minuit.

Green, A. (2002). *Idées directrices pour une psychanalyse contemporaine*. Paris: Puf [Em português: *Orientações para uma psicanálise contemporânea* (A. M. R. Rivarola, trad.). São Paulo: SBPSP; Rio de Janeiro: Imago, 2008].

Green, A. (2002b). *La pensée clinique*. Paris: Odile Jacob.

Green, A. (2006). *Unité et diversité des pratiques du psychanalyste*. Paris: PUF.

Green, A. (2007). *Pourquoi les pulsions de destruction ou de mort?*. Paris: Éditions du Panama. Republicado em: Paris: Ithaque, 2010.

Green, A. (2010). *Illusions et désillusions du travail psychanalytique*. Paris: Odile Jacob.

Green, A. (2011a). *Du signe au discours: psychanalyse et théories du langage*. Paris: Ithaque.

Green, A. (2011b). Les cas-limites: de la folie privée aux pulsions de destructivité. *Revue Française de Psychanalyse*, 75/2, 375-390.

Green, A. (2012). *La Clinique psychanalytique contemporaine*. Paris: Ithaque.

Green, A. (2013). *Penser la psychanalyse*. Paris: Ithaque.

Green, A. (Org.). (2006). *Les voies nouvelles de la thérapeutique contemporaine*. Paris: Puf.

Green, A. (Org.). (2007). *Resonance of suffering: contertransference in non-neurotic structures* (2a ed., The International Psychoanalysis Library). Londres: Karnac Books, 2009.

Green, A., & Donnet, J.-L. (1973). *L'enfant de ça. Psychanalyse d'un entretien: la psychose blanche*. Paris: Minuit.

Kohon, G. (Org.). (1999). *Essais sur la Mère morte et l'oeuvre d'André Green* (A. de Staal, trad.). Paris: Ithaque, 2009.

Lacan, J. (1953). Fonction et champ de la parole et du langage em psychanalyse (pp. 237-322). In Lacan, 1966 [Em português: Função e campo da fala e da linguagem em psicanálise. In *Escritos* (V. Ribeiro, trad., pp. 238-324). Rio de Janeiro: Zahar, 1998].

Lacan, J. (1966). *Écrits*. Paris: Seuil [Em português: *Escritos* (V. Ribeiro, trad.). Rio de Janeiro: Zahar, 1998].

Laplanche, J. (1987). *Nouveaux fondements pour la psychanalyse*. Paris: Puf [Em português: *Novos fundamentos para a psicanálise* (C. Berliner, trad.). São Paulo: Martins Fontes, 1992].

Richard, F., & Urribarri, F. (2004). *Autour de l'oeuvre d'André Green*. Paris: Puf.

Sartre, J.-P. (1939). *Esquisse d'une théorie des émotions*. Paris: Hermann [Em português: *Esboço para uma teoria das emoções* (P. Neves, trad.). Porto Alegre: L&PM, 2008].

Schneider, M. (2006). *Marilyn: dernières séances*. Paris: Gallimard, 2008.

Urribarri, F. (2010). André Green: passion clinique, pensée complexe. In Green, A. (2010). *Illusions et désillusions du travail psychanalytique*. Paris: Odile Jacob.

Urribarri, F. Pour une histoire de la pensée clinique. In Green, A. (2012). *La Clinique psychanalytique contemporaine*. Paris: Ithaque.

Winnicott, D. W. (1947). La haine dans le contre-transfert. In D. W. Winnicott, *De la pédiatrie à la psychanalyse* (J. Kalmanovitch, trad., pp. 72-82). Paris: Payot, 1969 [Em português: Winnicott, D. W. (1958). O ódio na contratransferência. In *Da pediatria à psicanálise: obras escolhidas* (D. Bogomoletz, trad., pp. 218-232). Rio de Janeiro: Imago, 2000].

Winnicott, D. W. (1954). Les aspects métapsychologiques et cliniques de la régression au sein de la situation analytique. In D. W. Winnicott, *De le pédiatrie à la psychanalyse* (pp. 250-267). Paris: Payot, 1969 [Em português: Winnicott, D. W. (1958). Aspectos clínicos e metapsicológicos da regressão dentro do setting analítico. In *Da pediatria à psicanálise: obras escolhidas* (D. Bogomoletz, trad., pp. 374-392). Rio de Janeiro: Imago, 2000].

Winnicott, D. W. (1969). L'utilisation de l'objet et le mode de relation à l'objet au travers des identification (pp. 120-131). In D. W. Winnicott, 1971 [Em português: O uso de um objeto e relacionamento através de identificações. In *O brincar e a realidade* (pp. 121-131). Rio de Janeiro: Imago, 1975].

Winnicott, D. W. (1971). *Jeu et Réalité* (C. Monod, J.-B. Pontalis, trads.). Paris: Gallimard, 1975 [Em português: *O brincar e a realidade*. Rio de Janeiro: Imago, 1975].

# Índice onomástico

Abadi, M., 166
Abraham, K., 121
Ajuriaguerra, J., 166
Althusser, H., 157-159
Althusser, L., 11, 112, 157-159
América do Norte, 168
América do Sul, 129
América Latina, 8, 165-166, 168
Inglaterra, 129, 168
Anzieu, D., 39, 58, 98, 130, 132
Argentina, 165-167
Aslan, C. M., 167
Asociación Psicoanalítica Argentina (APA), 47, 165-166
Asociación Psicoanalítica de Buenos Aires (APdeBA), 167
Associação Psicanalítica Internacional (API), 17, 28, 129

Congresso Psicanalítico de Berlim (2007), 12
Congresso do México (API) (2011), 129
Agostinho (Santo), 171
Aulagnier, P., 39, 44, 58, 130, 132

Badaracco, J. G., 166
Balier, C., 115
Baranger, W., & M., 9, 165-166
Beckett, S., 134
Bion, W. R., 11, 16, 23-24, 31, 39, 64-65, 71, 77, 97, 100-102, 115, 119, 133-135, 152-153
Bleger, J., 9, 112, 165
Bonneval, Colóquio de, 33-34, 130
Borges, J. L., 117
Botella, S., & C., 152
Bouvet, M., 23, 99, 133

# ÍNDICE ONOMÁSTICO

Brusset, B., 117
Buenos Aires, 165-166, 172
Buenos Aires, Universidade de, 21, 47, 166, 169, 172

Castel, P.-H., 123
Castoriadis, C., 155
Cerisy, Colóquio de, 17
Cesio, F., 166
Chiozza, L., 167
Cyrano de Bergerac, 10

Donnet, J.-L., 31, 133
Dora (caso), 127

Eizirik, C., 7
Estados Unidos, 120, 129, 168
Etchegoyen, R. H., 167
Europa, 168
Ey, H., 130

Federação Latino-Americana de Psicanálise (FEBRAPSI), 8
congresso da (2012), 8
Ferenczi, S., 85-86, 118, 151
Foundation for Research in Psycho-Analysis, 127
França, 39, 98-99, 129-130, 132, 156, 166, 168
Freud, A., 160
Freud, S., 8, 11, 16, 23-24, 26-27, 29, 31, 34-36, 38-40, 42, 44, 47-52, 54, 58, 61-62, 64-65, 67-69, 76-80, 82-83, 96-101, 109-111, 113-117, 121-122, 126-127, 131, 134, 136-138, 142-146, 150-154, 157, 160-164, 173

Gardel, C., 167
Garma, A., 168
Genebra, 52
Green, A., 7-13, 15-18, 21, 32, 46-47, 52, 63, 75, 95, 105-108, 125, 129-130, 157, 161, 171-174
  *Du signe au discours*, 160, 174
  *Orientações...*, 95, 107, 162, 174
  *Illusions et désillusions...*, 126, 156, 159, 163, 174
  *A loucura privada*, 16, 21, 107, 140, 143
  *La pensée clinique*, 111, 135-136, 149
  *O discurso vivo*, 34, 36, 46, 131-132, 136, 157
  *L'enfant de ça*, 31, 133
  *Les voies nouvelles de la thérapeutique contemporaine*, 95
  *Le temps éclaté*, 107
  *O trabalho do negativo*, 16, 140-141
  *Narcisismo de vida, narcisismo de morte*, 46, 106-107, 137-139
  *Penser la psychanalyse*, 162
  *Pourquoi les pulsions de destruction ou de mort ?*, 108, 144
  *Propédeutique*, 47, 72, 147
  "Relatório de Londres" (1975), 28, 30, 105, 109, 133, 144
  "Relatório de Santiago" (1999), 136
Greenson, R., 11, 126-127, 159

Grinberg, L., 167
Grunberger, B., 133

Hegel, G. W. F., 141
Homem dos Lobos, 67

Instituto de Psicossomática (Ipso), 52
International Journal of Psychoanalysis, 134

Janin, C., 119

Khan, M., 132, 134
Klauber, J., 131
Klein, M., 23, 40, 62, 98, 100, 115, 134, 151
Kohon, G., 105
 Essais sur la Mère norte, 105

Lacan, J., 11-12, 16, 33-34, 37-43, 47, 51, 64-65, 89, 96-99, 109, 130-133, 135, 156, 158
 Discurso de Roma (1953), 34
Lagache, D., 130
Laplanche, J., 34-35, 39, 42, 44, 59, 101, 114, 130, 132
Lavallé, G., 121-122
Leclaire, S., 34, 130
Les Temps Modernes, 130
Liberman, D., 167
Londres, 28, 30, 105, 109, 131, 133, 144, 166

Marty, P., 115, 144

Monroe, M., 11, 126, 159
Montevidéu, 165
Morin, E., 77

Nacht, S., 98
Nouvelle Revue de Psychanalyse, 98-99, 132

Paris, 8, 134, 168
Piazzolla, A., 167
Pichon-Rivière, E., 165-166
Pontalis, J.-B., 33, 98, 114, 130, 132

Racker, H., 9, 165, 167
Rascovsky, A., 165-166
Reid Hall, 35, 105
Revista de Psicoanálisis de l'APA. 47, 167
Richard, F., 17
Rio de Janeiro, 165
Robert, M., 114
Rosenfeld, H., 98-131
Rosolato, G., 98, 130, 132

Said, E., 9
Sainte-Anne (hospital), 130, 158, 166
São Paulo, 8
Sartre, J.-P., 35
Saussure, F. de, 66
Schneider, M., 126-127
Serebriany, R., 167
Sociedade Psicanalítica de Paris (SPP), 8, 17, 75, 104, 129-130, 133, 166

Spinoza, 38
Starobinski, J., 132

Urribarri, F., 7-10, 12, 21, 47, 75, 95, 105, 129, 165, 168

Vincens, M., 121-122

Wexler, M., 127
Winnicott, D. W., 10, 16, 23, 27, 32, 39, 43, 53, 64-65, 68, 70-71, 75, 77, 86-87, 91, 97-99-102, 104, 109, 112, 115, 117, 122-124, 131-133, 144, 148-149, 151, 153, 155, 160

*Zona Erógena (ZE)*, 21, 39, 168

# Índice de conceitos

afeto, 12, 33-38, 52, 54, 101-102, 131, 133, 135-137, 171
   e identificação, 37-38
   e representação, 33, 36, 53
   e teoria do narcisismo 37
   inconsciente, 35
alteridade, 93-94, 173
alucinação negativa, 25-26, 138
   da mãe, 64, 139
   e estrutura enquadrante, 64, 66
   normal e patológica, 66-69, 87
ambiente, 80, 86, 100, 148
ambivalência, 117, 121-122
amizade, 130, 132, 166, 168, 171-173
amnésia infantil e em sessão, 29
amor, 115-117, 146
   da verdade, 157, 164
analisabilidade, 12, 104, 154

limite(s) da, 16, 28, 33, 75, 77, 100, 107
análise
   do analista, 92
   fim de, 97, 126
   kleiniana, 63
   surpresas desagradáveis/fracassos da, 18, 69, 104, 125-127
analista
   criatividade do, 163
   distanciamento do, 88
   e continente, 16, 65, 89, 173
   enquadramento interno do, 17, 79, 90-93, 103-104, 108, 15; cf. também enquadramento analítico
   kleiniano, 62
   pensamentos e pré-consciente do, 30
   silêncio do, 98

sobrevivência do, 71
anorexia, 138
associação livre, 78, 80, 84
assunção jubilatória (Lacan), 37
atenção flutuante, 17, 78
ato, 33, 41, 50, 57, 79, 82-83, 89, 91, 102, 107, 112-113, 121, 136, 142-143, 154, 174
autoanálise, 157
autoerotismo, 62
autoinvestimento, 88
autonomia, 173

bissexualidade, 42
*borderline(s)*, 67-69, 86, 97, 100, 1363, 146

–C, 24
capacidade de estar só, 32
caso(s)-limite(s), 16, 21-25, 28, 33, 43, 68, 71, 82, 87, 96, 105-106, 108, 143-144, 152-153, 161
conceito de, 28
e memória, 29
causalidade psíquica, 58
cena primitiva, 67
clivagem, 23, 30, 97, 112, 143-144
complexo de Édipo, 42
comportamentos delinquentes, 115
compulsão à repetição, 50, 57, 71, 81-82, 97, 108
conflito interno, 100, 123
consciência, 25, 35, 45, 49, 51, 54, 60, 123

construção, 13, 45, 91, 106-107, 143, 148, 174
continente(s), 18, 65, 89, 173
contrainvestimento, 76
contratransferência, 17, 30, 70, 150, 154
corpo, 53, 55, 65; cf. também "pulsão(ões)"
  da mãe, 139
  e afeto, 35-36
  e fala, 33
crença, 35
culpabilidade, 35
cultura, 8-9, 131, 168
curiosidade, 67

delírio, 12, 24
demoníaco, 162
dentro/fora, 100, 139, 152
desejo, 22, 24-25, 29, 31, 37, 58, 68-69
  inconsciente, 23, 55, 79, 81, 106-107
deserto objetal, 84
desinvestimento, 23, 71, 102, 119, 143-144
desobjetalização, 61, 70
destrutividade, 17, 27, 86-87, 90, 105, 115-117, 125, 142-146, 161, 163-164
  não transformável, 125
  radical, 162
  diálogo(s), 12, 16, 18
  analítico, 30, 85
dor psíquica, 29, 57, 66

dupla analítica, 89, 150; cf. também "par

Ego-psychology, 47
eixo pulsões-paixões, 33
empatia, 9, 37
enquadramento analítico, 69, 78, 80, 103, 107, 154, 160
   analisador de analisabilidade, 154
   ataque do, 69
   clássico, 107
   e análise do analista, 92
   e corpo da mãe, 139
   e fala, 160
   e trauma, 83
   externo e interno, 103
   falência do, 112-113, 121
   interno, 17, 69, 79, 90-94, 103,104, 108, 154-155
   matriz ativa/escrínio, 78-79, 85, 92
   matriz de inteligibilidade, 154
   variações do, 79
enquadramento/associação livre/interpretação, 80
epistemológico, 62, 77, 174
Eros, 25-26, 61, 114
escansão lacaniana, 89
escrínio, 78-79, 85, 92; cf. também "enquadramento analítico"
escuta analítica, 76, 92-93
espaço
   analítico/do sonho, 80
   potencial, 18, 70-71, 93

espelho, 87-88
estádio do, 37
estados-limites, 21, 23-24, 29, 31, 33
estrutura enquadrante, 17, 60, 64-68, 68-69, 93, 138-139
estrutura(s)
   edipiana, 42
   não neurótica(s), 17-18, 24, 75, 79-80, 90, 93, 96, 102, 105-106, 108, 111, 113, 119, 133, 138, 151
   neuróticas, 22-23, 79, 87
   psicótica, 26
Eu, 22-23, 25, 54, 58-59, 62, 86, 97, 106, 111-112, 139, 152
evacuação, 31, 87, 153

fala analítica, 76, 80
fantasia(s), 38, 63-64, 73, 100-101, 124
   arcaicas, 153
   inconsciente, 55, 81, 83
fetichismo, 26, 110
fixações libidinais, 23
fobia, 152
força, 54, 57-58
   bruta, 24
   e pensamento clínico,102
   e sentido, 45, 52, 76
   e tópicos, 82
forclusão, 25
fracasso(s), 64
   da linguagem, 50-51
   da relação analítica, 29

do enquadramento clássico, 85; cf. também "enquadramento analítico"
do trabalho de representação, 69
dos processos terciários, 71
frente a frente, 77, 83, 87, 104, 161
frustração, 68, 102
função
   desobjetalizante, 25-26, 40, 61, 116, 147
   interpretativa, 86, 89
   objetalizante, 25-26, 40, 60-61
   paterna, 173
funcionamento
   mental, 13, 23, 40, 140
   psíquico, 52-53, 66, 82, 84, 91

*good enough mother* [mãe suficientemente boa], 123-124

*Hilflosigkeit* [desamparo], 69
hipercomplexidade, 35
histeria, 127, 152
histérica, a, 24
*holding* [sustentação], 64
homoerotismo, 62

Ics e Isso, 56, 101, 113
identificação
   especular, 38
   projetiva, 60
imaginação radical, 155

inconsciente, o, 23-24, 29, 33-35, 37, 40, 45-46, 48-51, 54-57, 60, 73, 79, 81, 83, 87, 94, 101, 106-107, 113, 130-131; cf. também "Ics e Isso"
   estruturado como uma linguagem, 51
inibição, 138
interpretabilidade, 112-113, 122
interpretação(ões), 17, 22, 30, 34, 50-51, 67, 80-81, 108, 113, 134, 160
   kleiniana, 62, 98
   processo da, 90
   transferencial direta, 88-89
   vivida como intrusão, 32
interpretante, 42-43
intersubjetividade, 52
intrapsíquico/intersubjetivo, 12, 16, 40-41, 47, 96, 100, 106, 147-148, 152
investimento, 146
irrepresentável, 47-48, 50-52, 54-55, 70, 72, 82, 162
Isso, 22, 24, 40, 50-51, 54-56, 82, 101, 111, 113; cf. também "Ics e Isso"

kleinismo, 47, 96, 166

lacanismo, 47, 96
lalíngua (Lacan), 65
liberdade, 124
libido, 22, 24, 137, 146
limite(s), 28, 52; cf. também "caso(s)-limite(s)"
   duplo, 22

noção de, 28
funcionamento, 16, 22, 78, 106, 110
linguagem, 38, 45, 56, 65, 72, 76, 80-81, 135-136, 160-161
  e aparelho psíquico, 51
  e pulsão, 45
  em psicanálise, 33, 161
  reduzida ao significante, 65
linhagem objetal/subjetal, 58-59
lógica
  da heterogeneidade, 53
  da indiferença, 24
loucura
  e psicose, 106, 140
  materna/paterna, 120
  privada, 12, 33, 70, 77, 106, 110, 140, 152, 161
mãe
  ausência da, 68
  morta, 18, 68, 105-107, 109-110, 118-119, 123-124, 137
  ruim, 123
materna(s), 38, 65
mecanismos de defesa, 23, 82, 143, 152
memória, 57
  processual, 30
metapsicologia, 16, 29, 47
metapsicológico, 48
método analítico, 17, 79, 125
moções pulsionais, 24, 50-51, 55, 101, 108

modelo(s)
  contemporâneo, 105-106
  do ato, 79, 82, 91, 102, 107
  do funcionamento-limite, 106
  do sonho, 79-82, 91, 101, 107
  freudiano, 44, 54, 56, 60, 75, 105-106
  novo, 50
  pluralidade de, 102
  pós-freudiano, 16, 24, 105, 153
  teórico implícito, 106
morte, 111

não representável/não representado, 162
narcisismo, 23, 38, 40, 68, 132, 141, 145-146
  de morte, 46, 106-107, 116, 119, 137-139
  de vida, 37, 46, 106, 137-139
  e reação terapêutica negativa, 139
  e segunda tópica, 111-112
  negativo, 25-26, 37, 87, 110, 133, 137
  positivo, 37, 133, 137
  primário, 23, 62
natureza humana, 118
negação, 25, 78
negatividade, 102, 143
negativo
  do negativo, 12, 129, 162-163
  radical, 12, 143
neurociências, 44

neurose(s)
   de transferência, 80, 81, 106, 150, 154
   e perversão, 48, 81
   e psicose, 48
   obsessiva, 152
   transferencial, 150
neutralidade analítica, 89
normalidade, 68

objetalização, 61
objeto(s)
   analítico, 30, 150
   ausência do, 55
   bons, 120
   como revelador da pulsão, 59
   criação e existência dos, 26, 33
   diferentes concepções do, 58
   e emaranhamento, 147
   fixação odiosa ao, 87
   papel estruturante do, 64
   percebido objetivamente, 100
   primário(s), 23, 29, 33, 58, 60, 85, 87-88, 100
   relação(ões) de, 23, 40, 59, 76, 106, 133, 151
   ruim, 123
   segundo Klein, 62-63
   sobrevivência do, 27
   transferencial, 63
   -trauma, 83
   utilização do, 27
observação de bebês, 45, 63

ódio, 115, 117, 122
   de si, 87-88
onipotência terapêutica, 159
   ideias diretrizes, 16
   pai morto, 109, 118
   paixão, 18, 31, 141, 171-173
   sublimatória, 58

par
   analítico, 79
pulsão-objeto, 16, 76, 100, 106, 147, 152
paradigma
   contemporâneo, 107
   da neurose, 16, 81, 106
   do ato, 50
   do jogo, 91
   do sonho, 31, 48-49
   empirista, 63
   mudança de, 23, 97, 101, 110
   novo, 17-18, 99, 110, 129, 161, 174
passado infantil, 29
passagem ao ato, 142
pensamento
   clínico, 12, 17, 76-77, 91-92, 99-100, 102, 107-108, 111, 116, 132, 135, 147, 149-154, 163
   destruição do, 51
   dialógico, 18
   distúrbios do, 24
   do analista, 28, 30, 77, 100, 136, 150
   do heterogêneo, 77

e estados-limites, 32
e falta, 32
e pulsão, 101
e realização alucinatória do desejo, 32
fluidez do, 32
psicanalítico, 40, 44-45, 96, 99, 165
pensamento(s)
　de desejo, 24, 31
　latentes, 31
　louco(s), 77-78
percepção, 32, 66, 80
pós-estruturalista, 38
pós-freudiano(s)/pós-freudiana(s), 16-17, 23, 48, 64, 97-98, 106, 154, 164
posição depressiva, 62
positividade, 68, 163
pós-lacaniano(s)/pós-lacaniana(s), 39, 98-99, 132
princípio da realidade, 42
princípio do prazer, 22, 42, 49, 81
　além do, 57, 145
processo(s)
　analítico, 10, 15, 71-71, 91, 104, 108, 149, 154
　de vinculação, 30, 36, 72
　oníricos, 84
　primários, 24, 30, 72, 80,
　secundários, 72
　teórico inconsciente, 46
　teórico, 15
　terciários, 17, 30, 71-73

projeções, 83, 89, 123
psicanálise
　britânica, 98
　contemporânea, 10, 17-18, 58, 75, 95, 103, 107, 129, 154, 156, 174,
　crise da, 17, 96
　desenvolvimento da, 8
　e ecletismo, 96
　e linguagem, 161
　e utilização do divã, 33, 164
　especificidade da, 161
　francesa, 98-99
　história da, 98, 150, 174
　latino-americana, 165-168
　modelos teóricos da, 105
　renovação da, 174
psicose, 12, 23, 33, 48, 51, 68, 78, 97, 100-101, 106, 109-110, 140, 152-153, 159
　branca, 133
psicossomática, 146
psicossomatistas, 115
psicoterapia(s), 79, 103-104, 108, 161
psiquismo e representação, 52
pulsão(ões)
　conceito de, 57, 162
　de destruição, 144
　de morte, 10-11, 18, 26, 40, 49, 50, 51, 55, 57, 61, 82, 101-102, 108, 111, 114-116, 118, 121-122, 132-133, 137, 143-147, 162-163
　de vida, 40, 42, 50, 61, 137, 114, 145
　e aparelho psíquico, 50

e corpo, 53
e investimento, 146
e linguagem, 51
e tópicas, 114
rejeição da, 76
representante psíquico da, 53-56
reação terapêutica negativa, 26-27, 50-51, 57, 70, 82, 97, 108, 139
realidade, 10, 29, 32, 42, 45, 54, 62, 73, 97, 110
psíquica, 100

realização alucinatória do desejo, 25, 29, 31, 68-69
recalcamento, 25, 29, 50-51, 84, 90, 142, 144
originário, 56
regra fundamental, 154
regressão, 91, 121
reivindicação da inocência, 85
relação Cs-Ics, 80
reminiscências, 13, 24
renegação, 78, 97
reparação, 127
repetição, 50, 57, 71, 81-82, 93, 97, 108, 117, 123
representação(ões)
de coisa, 28-29, 45, 48, 54-57, 66, 136
de palavra, 48-49, 54, 66, 136
e afeto, 130
e aparelho psíquico, 66-67
e ausência, 66, 69
e força, 52

e segunda tópica, 113
inconsciente(s), 77, 113
representante-afeto, 52
representante-representação, 53-54
resistência, 90, 143, 164,
segundo dualismo pulsional, 49, 57, 80, 137

sentido, 52; cf. também "força"
sessão analítica, 30, 72
sexualidade
infantil, 81
perverso-polimorfa, 81, 164
significante, 36, 52-53, 65, 89
heterogeneidade do, 136
simbolização, 27, 29-30, 55-57, 59, 61, 64, 69, 71-72, 81, 91, 100
síndrome de desertificação mental, 83
solução alucinatória, 69
soma, 29, 45, 49
somatizações, 57
sonho(s), 52, 77; cf. também "modelo(s)"
como modelo do enquadramento, 113
do Homem dos Lobos, 67
e alucinação negativa, 64
e ato, 12
relato do, 48, 51, 80
subjetivação, 87, 91, 173
subjetividade, 58
sujeito
da combinatória, 43

história do, 12, 35
   da pulsão, 16, 21, 41-42
   brincante, 16, 21, 41, 43
Supereu, 25, 111-112
supervisão(ões), 7, 10, 12, 98, 153

técnica
   francesa, 98
   lacaniana, 156
   variações da, 108, 113
teoria(s)
   da clínica, 17, 77, 149
   da representação, 47-48, 52-55, 57, 60
   da sedução, 42
   das neuroses, 138
   das pulsões, 59, 111, 137, 143, 162
   das relações de objeto, 23, 40, 59, 76, 151
   do narcisismo, 37, 137
   do negativo em Bion, 115
   do vínculo, 71
   geral do psiquismo, 96
   lacaniana, 34
   unificada do objeto, 64
terceiridade, 42-43, 89-90, 107, 111, 173
territórios tópicos, 29
tópica(s), 11, 48-51, 55, 64, 79-80, 82, 91, 97, 101, 107-109, 111-114, 116
trabalho de representação, 38, 48-49, 79, 91

trabalho do negativo, 17, 24-25, 27, 50, 68, 76, 84, 88, 107, 141-142, 143, 159, 173
   subversão do, 24-25
traço(s) mnésico(s), 29, 31, 55, 57
transferência(s)
   formas de, 100
   interpretação *hic et nunc* da, 63
   limites, 26, 33, 100
   negativa, 139
transformação, 12, 31, 35, 52-53, 58, 60, 90, 93, 102, 151-152
transicional, 18, 100, 153
transicionalidade interna, 73
tratamento
   clássico, 79
   e linguagem, 51
trauma
   e tempo, 69
   por ausência, 117-119
triangulação edipiana, 43
triangularidade generalizada com um terceiro substituível, 90
tríptico "enquadramento/sonho/interpretação", 91, 108

variações do, 124
tristeza, 119

Um, o, 37

vazio, 23, 84, 120, 123
verbalização, 35, 90

verdade, 22-23
virada do ano 2000, 17, 163, 174

## Série Psicanálise Contemporânea

*Adoecimentos psíquicos e estratégias de cura: matrizes e modelos em psicanálise*, de Luís Claudio Figueiredo e Nelson Ernesto Coelho Junior

*Do pensamento clínico ao paradigma contemporâneo: diálogos*, de André Green e Fernando Urribarri

*Heranças invisíveis do abandono afetivo: um estudo psicanalítico sobre as dimensões da experiência traumática*, de Daniel Schor

*A indisponibilidade sexual da mulher como queixa conjugal: a psicanálise de casal, o sexual e o intersubjetivo*, de Sonia Thorstensen

*Nem sapo, nem princesa: terror e fascínio pelo feminino*, de Cassandra Pereira França

*Psicanálise e ciência: um debate necessário*, de Paulo Beer

*Relações de objeto*, de Decio Gurfinkel

*O tempo e os medos: a parábola das estátuas pensantes*, de Maria Silvia de Mesquita Bolguese